古代歷史文化^{研究}輯刊

二九編

^{王 明 蓀 主編}

第23冊

惲壽平家族研究（下）

朱萬章 著

國家圖書館出版品預行編目資料

惲壽平家族研究（下）／朱萬章 著 -- 初版 -- 新北市：花木
蘭文化事業有限公司，2023〔民112〕

目 2+184 面；19×26 公分

（古代歷史文化研究輯刊 二九編；第 23 冊）

ISBN 978-626-344-167-5（精裝）

1.CST：（清）惲格 2.CST：繪畫史 3.CST：家族史

4.CST：畫論

618   111021693

ISBN-978-626-344-167-5

古代歷史文化研究輯刊
二九編　第二三冊　　　　　ISBN：978-626-344-167-5

惲壽平家族研究（下）

作　　者　朱萬章
主　　編　王明蓀
總 編 輯　杜潔祥
副總編輯　楊嘉樂
編輯主任　許郁翎
編　　輯　張雅淋、潘玟靜　美術編輯　陳逸婷
出　　版　花木蘭文化事業有限公司
發 行 人　高小娟
聯絡地址　235 新北市中和區中安街七二號十三樓
　　　　　電話：02-2923-1455／傳真：02-2923-1452
網　　址　http://www.huamulan.tw 信箱 service@huamulans.com
印　　刷　普羅文化出版廣告事業
初　　版　2023 年 3 月
定　　價　二九編 23 冊（精裝）新台幣 70,000 元　　　版權所有・請勿翻印

惲壽平家族研究（下）

朱萬章　著

目
次

第五章 「家南田而戶正叔」——
惲壽平的家族傳人

惲氏家族一個最為突出的現象，便是書畫家群體的出現。在傳統的以私塾式傳授為主體的藝術教育體制中，藝術家族並不鮮見。但在惲壽平藝術家族中，從惲向以降直到晚清的惲彥彬（1838～1920）、惲毓嘉（1857～1919）、惲毓善（1862～1922）、惲毓鼎（1863～1918）等人，一直綿延三百餘年，而且產生至少 60 位書畫家，這恐怕在其他任何時代、任何家族，都是極為少見的。

惲氏家族藝術家的一個重要特點是，他們有的直接師從惲壽平，有的私淑其藝，和「常州畫派」的其他畫家一樣，傳承惲壽平的畫風二百餘年，一度出現「家南田而戶正叔」的現象，成為清代畫壇一道亮麗的風景線。

第一節　惲壽平之後的惲氏藝術家族

清代山水畫家、畫學理論家盛大士（1771～1838）在《溪山臥遊錄》中寫道：

> 江左畫家擅門業者，吾鄉王氏外，惟毗陵惲氏為極盛。香山老人，蒼渾古秀，出董、巨而入倪、黃。南田翁花卉寫生，空前絕後，然其山水，飄飄有凌雲氣，真天仙化人也。後人世其家學者，指不

勝屈。又有女史名冰字清於，與懷娥、懷英，先後擅美。近聞完顏
夫人字珍浦，博雅工詩文，兼長繪事，余友潔士徵君秉怡之妹也。
余恨不獲親見其筆墨。然惲氏一門才俊，東南竹箭，靈秀所鍾，其
信然矣〔註1〕。

盛大士列舉了惲向（香山老人）、惲壽平（南田翁）、惲冰（清於）、惲懷
娥、惲懷英、惲珠（珍浦）等諸家惲氏書畫家，以彰顯其「一門才俊，東南竹
箭，靈秀所鍾」。事實上，除惲向、惲壽平兩個極具代表性的惲氏畫家外，以
繪事擅名之常州惲氏家族遠不止此。據不完全統計，親炙惲壽平教澤或受其畫
風影響之惲氏家族成員有近百人。他們秉承詩文傳家的家族傳統，嫻習繪事，
流風餘韻綿延至晚清時期，時間長達近三百年。

有學者在論及古代文化世家時說，家族主要「通過科舉、以詩禮傳家而形
成文化世族和官宦世家。這些家族又通過教育、聯姻等方式，將這種文化延續
不斷地傳承給他們的子孫後代，形成富有特色的家族文化鏈，從而形成文學世
家」〔註2〕。對於常州惲氏藝術家族而言，同樣也是如此。惲氏家族並非以科
舉或官宦傳家的形式傳承其文化淵源，但其以藝術和詩文的形式延續了家族
數百年的文化傳統，形成明清時代一個重要藝術家族體系。這個家族體系，以
惲壽平及其他惲氏書畫家為重要代表。惲壽平在這個藝術家族中，不僅扮演了
師長的角色，在長達兩百餘年的時間裏，惲氏書畫家們以他的作品為楷模，心
摹手追，和「常州畫派」的其他書畫家一道，將惲氏畫風發揚光大，從而成就
了一段藝術家族的傳奇。

據筆者初步統計，自惲壽平以來直到民國年間，惲氏藝術家多達 57 人，
現列表如次，以見其龐大的藝術家族體系〔註3〕：

〔註1〕 盛大士《溪山臥遊錄》卷二，于安瀾編《畫史叢書（三）》，上海人民美術出版
社，1963 年。
〔註2〕 郝麗霞《吳江沈氏文學世家研究》，1 頁，復旦大學出版社，2009 年。
〔註3〕 除表中所列文獻來源外，本表的製作尚參考了潘茂《常州畫派》、秦耕海編著
《常州書畫家傳》和葉鵬飛《常州畫派研究》，畫家生卒年則主要參考了傅抱
石《中國美術年表》（上海商務印書館，1937 年）、郭味蕖《宋元明清書畫家
年表》（人民美術出版社，1982 年）、劉九庵編著《宋元明清書畫家傳世作品
年表》（上海書畫出版社，1997 年）、江慶柏編著《清代人物生卒年表》（人民
文學出版社，2005 年）、張彬編著《中國古今書畫家年表》（文物出版社，2006
年）和張慧劍《明清江蘇文人年表》（人民文學出版社，2008 年）等，特此說
明並鳴謝。

常州惲氏藝術家族成員一覽表

序號	畫　家	譜　系	年　代	擅長畫科	藝術傳承	文獻主要來源
1	惲公醇			山水		顧光旭輯《梁溪詩鈔》；秦耕海編著《常州書畫家傳》
2	惲馨生		1669～1722	花鳥	畫學南田	李放《畫家知希錄》；惲祖祁纂修《惲氏家乘》；李寶凱編《毗陵畫徵錄》
3	惲鍾岱			尤工畫荷	畫學南田	惲祖祁纂修《惲氏家乘》
4	惲源濬		1692～1763	花草	能家學，畫宗白陽老人	彭蘊燦《歷代畫史匯傳》；姜怡亭《國朝畫傳編韻》；惲祖祁纂修《惲氏家乘》；《耕硯田齋筆記》
5	惲源清		1697～1756	善畫	不詳	《十百齋書畫錄》；秦耕海編著《常州書畫家傳》
6	惲鍾隆		1706～1730		畫學南田	惲祖祁纂修《惲氏家乘》
7	惲鍾茂		1706～1736		書畫得其家法	惲祖祁纂修《惲氏家乘》
8	惲良洲		1706～1762		得南田法	李寶凱編《毗陵畫徵錄》；秦耕海編著《常州書畫家傳》
9	惲燮		1711～1757〔註4〕		傳承家法	惲祖祁纂修《惲氏家乘》；《耕硯田齋筆記》；秦耕海編著《常州書畫家傳》
10	惲源景		1715～1767	花鳥	畫法黃筌	惲祖祁纂修《惲氏家乘》；《耕硯田齋筆記》
11	惲宅南		1716～1783	不詳	師宗南田	秦耕海編著《常州書畫家傳》
12	惲源桂		1718～1763	花卉	臨南田翁	李寶凱編《毗陵畫徵錄》
13	惲蘭溪	惲源濬妹，鄒一桂妻		山水	學惲格法	孫原湘《天真閣集》；光緒《武陽縣志》；秦耕海編著《常州書畫家傳》

〔註4〕江慶柏編著《清代人物生卒年表》作「1741～1807」，參見該書581頁，現以秦耕海編著《常州書畫家傳》為據，參見該書91頁。

14	惲標	惲壽平族孫		花卉蟲魚	得毗陵正派法	姜怡亭《國朝畫傳編韻》；馮金伯《墨香居畫識》；李寶凱編《毗陵畫徵錄》
15	惲奎			花卉		彭蘊燦《歷代畫史匯傳》；《耕硯田齋筆記》；李寶凱編《毗陵畫徵錄》
16	惲源成			花鳥	宗家法	彭蘊燦《歷代畫史匯傳》；李寶凱編《毗陵畫徵錄》
17	惲源長（惲宅仁）		1725～1802	山水花卉翎毛	畫學香國，多贋南田之作	惲祖祁纂修《惲氏家乘》；惲敬《大雲山房文稿》
18	惲庭森	惲源濬子	1730～？	花卉	得家傳之訣	惲祖祁纂修《惲氏家乘》；秦耕海編著《常州書畫家傳》
19	惲毓秀	惲珠父	1732～1800	牡丹		惲祖祁纂修《惲氏家乘》；李寶凱編《毗陵畫徵錄》；秦耕海編著《常州書畫家傳》
20	惲蓮		1743～1824	花卉	得南田翁筆法	秦耕海編著《常州書畫家傳》
21	惲與三		1750～1798	山水花卉	畫宗家法	惲祖祁纂修《惲氏家乘》；惲敬《大雲山房文稿》；李寶凱編《毗陵畫徵錄》
22	惲源辰	惲源桂兄		花卉	臨南田翁	惲祖祁纂修《惲氏家乘》
23	惲焯		1761～1825	花鳥樹石	本南田家法，上溯黃筌	惲祖祁纂修《惲氏家乘》；《湖中畫舫錄》
24	惲秉怡（一作惲秉恬）		1762～1833	山水、竹蘭	畫承家學	寶鎮輯《國朝書畫家筆錄》；蔣寶齡《墨林今話》；盛大士《溪山臥遊錄》
25	惲賡颺		1763～1822	花鳥	宗家法	彭蘊燦《歷代畫史匯傳》；李寶凱編《毗陵畫徵錄》
26	惲煜（景升）	惲焯弟	1764～1833	花卉		惲祖祁纂修《惲氏家乘》；李寶凱編《毗陵畫徵錄》
27	惲珠	惲毓秀女，顏延璐室，惲冰侄女	1771～1833	花卉	從惲冰習畫，得家法	楊峴《遲鴻軒所見書畫錄》；《耕硯田齋筆記》；盛大士《溪山臥遊錄》；施淑儀輯《清代閨閣詩人徵略》；光緒《武陽縣志》

28	惲恒	管瑑玠室	1776～1809			李寶凱編《毗陵畫徵錄》；秦耕海編著《常州書畫家傳》
29	惲彙昌	惲秉怡子	1792～1860	山水		光緒《武陽縣志》；李寶凱編《毗陵畫徵錄》
30	惲湘	惲秉怡女			詩畫能承父學	李濬之《清畫家詩史》
31	惲瑤	惲珠從妹		寫生	得家法	彭蘊燦《歷代畫史匯傳》
32	惲鐸				深得南田家法	惲祖祁纂修《惲氏家乘》
33	惲采山			善畫		俞劍華《中國美術家人名辭典》；朱鑄禹《中國歷代畫家人名辭典》
34	惲玉	惲鍾隆長女，吳瑞瑜妻		寫生，花鳥	不愧家風	鄧之誠《骨董瑣記》；俞劍華《中國美術家人名辭典》
35	惲冰	惲鍾隆次女，毛鴻調妻		花卉翎毛	得其家法	張庚《國朝畫徵續錄》；湯漱玉《玉臺畫史》；施淑儀輯《清代閨閣詩人徵略》；光緒《武陽縣志》；李濬之《清畫家詩史》
36	毛鳳朝	惲冰子			從惲冰學畫	張庚《國朝畫徵續錄》；李濬之《清畫家詩史》
37	毛鳳梧	惲冰子			從惲冰學畫	張庚《國朝畫徵續錄》；李濬之《清畫家詩史》
38	毛鳳儀	惲冰子			從惲冰學畫	張庚《國朝畫徵續錄》；李濬之《清畫家詩史》
39	毛周（一作惲周）	惲冰孫女		花卉	能得惲冰意	張庚《國朝畫徵續錄》；湯漱玉《玉臺畫史》；秦耕海編著《常州書畫家傳》
40	惲懷娥	惲源濬次女，曹恒妻		花卉	深得家法	楊峴《遲鴻軒所見書畫錄》；《耕硯田齋筆記》；李寶凱編《毗陵畫徵錄》
41	惲懷英	惲源濬季女，呂光亭妻		花鳥墨菊	幼傳家學	彭蘊燦《歷代畫史匯傳》；湯漱玉《玉臺畫史》；施淑儀輯《清代閨閣詩人徵略》；李寶凱編《毗陵畫徵錄》

42	惲珝			花卉	畫學南田	惲敬《大雲山房文稿》；李寶凱編《毗陵畫徵錄》
43	惲景屏			花卉		李寶凱編《毗陵畫徵錄》
44	惲玉珍			花卉	師承家法	李寶凱編《毗陵畫徵錄》
45	惲光烈	惲光業弟	1802～1856	花卉	宗南田法	李寶凱編《毗陵畫徵錄》
46	惲光業	惲景屏子	1813～1884	花卉	書畫宗惲格	李寶凱編《毗陵畫徵錄》
47	惲鴻儀	惲秉怡孫	1850年進士		傳惲派沒骨法	秦耕海編著《常州書畫家傳》
48	惲駿			花卉		李寶凱編《毗陵畫徵錄》
49	惲翰				能世其家法	秦耕海編著《常州書畫家傳》
50	惲楨			花卉		李寶凱編《毗陵畫徵錄》
51	惲彥彬		1838～1920	折枝花卉	取法甌香，略變家法	葉銘輯《廣印人傳》；李寶凱編《毗陵畫徵錄》
52	惲毓嘉	惲彥彬侄	1857～1919			秦耕海編著《常州書畫家傳》
53	惲毓善		1862～1922	山水花卉		李寶凱編《毗陵畫徵錄》；秦耕海編著《常州書畫家傳》
54	惲毓鼎	惲彥彬侄，惲毓嘉弟	1863～1918			秦耕海編著《常州書畫家傳》；《惲毓鼎澄齋奏稿》
55	惲毓庚	惲毓善弟		花卉蔬果		李寶凱編《毗陵畫徵錄》
56	惲毓德	惲毓善弟		山水花卉		李寶凱編《毗陵畫徵錄》
56	惲丙	不詳		花卉	撫南田法	傳世作品題識
57	惲挺生	不詳		山水		
58	惲咸	不詳		山水		
59	惲桐	不詳		花石		
60	惲源吉	不詳		花卉		

　　從以上列表不難看出，惲氏藝術家族的書畫家的藝術傳承主要是「得家法」。這裡的「家法」便是惲壽平的沒骨寫生之法。從惲氏書畫家的時代看，從清代康熙、乾隆時期一直延續到晚清、民國時期。在明清時代的藝術家族中，如以文徵明為代表的文氏家族、以王時敏為代表的王氏家族、以藍瑛為代表的藍氏家族、

查士標為代表的查氏家族、以鄒顯吉（1636～1709）為代表的鄒氏家族、以張崟（1761～1829）為代表的張氏家族、以胡士昆為代表的胡氏家族、以高岑為代表的高氏家族、以畢涵（1732～1807）為代表的畢氏家族、以湯貽汾（1777～1853）為代表的湯氏家族、以任熊（1823～1857）為代表的任氏家族，以居巢、居廉為代表的居氏家族……等，他們在綿延的時間、家族書畫家的數量及影響等方面，都遠不及惲氏藝術家族。因此，可以這樣說，以惲壽平為代表的惲氏藝術家族是明清時代中國藝術家族中最具影響力的家族。

在惲氏家族中，除開宗立派的惲壽平之外，在有清一代的兩百餘年中，還產生了諸如惲源濬、惲冰、惲珠等重要書畫家。在 60 位惲氏書畫家中，有作品傳世的不多。他們分別是惲源濬、惲冰、惲馨生、惲青、惲楨、惲懷英、惲丙、惲源成、惲挺生、惲咸、惲桐。除惲懷英的《折梅圖軸》（日本觀峰館藏）為仕女畫、惲源濬《山水花卉冊》中有兩開為山水外，其他的都是花卉畫，體現出惲氏家族藝術家以花卉畫擅長的特色。現分而論述。

第二節　惲源濬及其花卉畫

惲源濬（1692～1763）是繼惲壽平之後惲氏家族中藝術成就最為突出者。他一名濬源〔註5〕，字哲長，因善吹鐵簫，故號鐵簫老人。由庠生而入太學，曾任天津縣丞，署大名通判。一生藝術活動主要天津，他也是惲氏藝術家族中唯一一個活動於江蘇地區以外的畫家。他擅詩文、書畫，著有《鐵簫詩草》，但已失傳。

史載惲源濬「善畫花草，尤工牡丹」〔註6〕，其傳世作品主要有作於雍正二年（1724）的《山水花卉冊》（私人藏品）、乾隆十七年（1752）的《菊花圖軸》及無年款的《花卉冊（8 開）》、《月季花圖軸》（均藏天津博物館）、《牡丹圖橫幅》（山西博物院藏）、《天中麗景圖軸》（安徽省黃山市博物館藏）、《桃花遊魚圖軸》（遼寧省博物館藏）和《十二月花卉屏》（廣東省博物館藏）等。文獻著錄中，惲源濬曾有《花卉屏十二幅》（李玉棻《甌缽羅室書畫過目考》卷

〔註5〕楊峴《遲鴻軒所見書畫錄》卷四，中國書畫全書編纂委員會編《中國書畫全書（十二）》，64 頁，上海書畫出版社，2000 年；李玉棻《甌缽羅室書畫過目考》卷三，中國書畫全書編纂委員會編《中國書畫全書（十二）》，1110 頁。

〔註6〕姜怡亭《國朝畫傳編韻》，中國書畫全書編纂委員會編《中國書畫全書（十）》，921 頁，上海書畫出版社，1996 年。

三）、《天中麗景圖》（李玉棻《甌缽羅室書畫過目考》卷三）、《藤花》（李玉棻《甌缽羅室書畫過目考》卷三）、《梅花硯圖》（陶樑《紅豆樹館書畫記》卷五）、《枯木竹石》（陶樑《紅豆樹館書畫記》卷八）、《水墨牡丹》（陶樑《紅豆樹館書畫記》卷八）等〔註7〕。從文獻著錄及傳世作品看，除了有一開山水而外，惲源濬創作的作品主要以花卉為主。

惲壽平去世之後的第三年，惲源濬才出生，因此惲源濬並沒有直接師從惲壽平的經歷。不過在耳濡目染的氛圍中，惲源濬的畫風受到惲壽平的影響是自然的。在一件題為《玉洞春霞》的花卉頁中，惲源濬這樣評價其先德惲壽平的花卉畫：「家南田翁寫生不為黃筌之刻畫、徐熙之放縱，獨師趙承旨兼六如、十洲，以秀逸閒淡為宗，故與時人畦徑迥別」〔註8〕，據此可知惲源濬對南田畫風是爛熟於心的，因而在其心摹手追的畫作中，我們可以看到這種明顯的南田畫風的痕跡。

作於雍正二年（1724）的《山水花卉冊》（私人藏品）是惲源濬畫風的典型風格。該冊共四開，一開為山水，三開為花卉。花卉分別為《玉洞春霞》、《紫雲珠帳》和《舊園秋景》。

《玉洞春霞》是典型的惲南田點染體沒骨花卉法，所寫桃花色彩層次分明，工筆端整，豔麗而不落俗，穠冶中透露清逸之氣。有論者這樣評惲源濬的《花卉屏》：「設色布景有意避俗，擷藻生新，穠冶而不失神韻，工麗而仍歸淡逸，故是高手」〔註9〕，藉此來評《玉洞春霞》，也是極為貼切的；另一件《舊園秋景》與此圖相類，作者題識曰：「猶記惠山半潭秋水，一房山中，雨後薄涼，夕陽滿砌，秋紅數株，醉顏相映。此境殊難再得。寫此如置身舊園也」，顯然是憶寫舊景所作。兩件作品均為寫生之作，可謂得惲壽平沒骨寫生花卉之真傳。《紫雲珠帳》則直接題「臨白雲溪外史筆法」，是臨仿惲壽平之作，其寫形與寫神都有惲壽平風味，有論者評惲源濬《水墨牡丹》：「沒骨勾勒牡丹各一叢，歷落欹斜，饒有白陽遺韻」〔註10〕，從這件作品亦可看出，惲源濬的水墨

〔註7〕福開森編《歷代著錄畫目》，317頁，人民美術出版社，1993年。

〔註8〕張大鏞《自怡悅齋書畫錄》卷七，中國書畫全書編纂委員會編《中國書畫全書（十一）》，498頁，上海書畫出版社，1997年。

〔註9〕張大鏞《自怡悅齋書畫錄》卷七，中國書畫全書編纂委員會編《中國書畫全書（十一）》，498頁。

〔註10〕陶樑《紅豆樹館書畫記》卷八，中國書畫全書編纂委員會編《中國書畫全書（十二）》，852頁。

花卉是在兼採陳道復、惲壽平等諸家基礎上的融合，是晚明以來水墨花卉發展的一種時代風尚。

惲源濬的另一開山水是追慕惲向之筆意所作。作者在畫中題識曰：「家香山筆墨頓挫渾脫，疏疏數筆，便覺丘壑無際。此圖得其意致，無其氣力」，認為此圖只是得到惲向的「意致」，而「無其氣力」，顯然是一種謙辭。不過就他對惲向風格的理解，說明對其山水畫是下過一番工夫的。此件作品與前述惲向的《仿古山水冊》（蘇州博物館藏）有驚人相似之處，說明惲源濬取法惲向的痕跡還非常明顯。

惲源濬是惲壽平之後惲氏家族中書畫藝術的佼佼者。他不僅善畫，在書法上也頗有造詣。前述《山水花卉冊》中的題識書法，結體端莊秀雅，頗具文人清趣。有論者這樣評價其書畫：「花鳥得皮相」，「頗饒妍麗」，書法「亦極雅趣」〔註11〕。所謂得「皮相」，主要是針對其對惲壽平畫風的臨摹追仿而言。由於對惲壽平畫風的一味摹仿，這也是包括惲源濬在內的惲氏藝術家族繪畫中的侷限性。

有意思的是，惲源濬的繪畫在清代書畫鑒藏界得到大力推崇。清代著名書畫鑒藏家、詩人陶樑（1772～1857）在收藏了惲源濬的《枯木竹石》後感慨地說，「（其畫）意致蕭散，奎章閣博士見之，亦當把臂入懷」〔註12〕。奎章閣博士是元代專門負責為宮廷鑒藏書畫的內府人員〔註13〕，柯九思、王守誠（1296～1349）等都曾擔當此任。陶樑認為這種書法，雖然有些誇張，但反映出他對惲源濬繪畫的激賞。在惲壽平之後的惲氏書畫家中，能得此殊評者，僅惲源濬一人而也。

傳惲源濬畫法者有其女惲懷娥、惲懷英及女婿曹恒〔註14〕。按，曹恒乃惲懷娥之夫，字久於，號納庵，曾官淮揚道，擅長水墨牡丹〔註15〕，可惜暫時沒

〔註11〕 楊峴《遲鴻軒所見書畫錄》卷四，中國書畫全書編纂委員會編《中國書畫全書（十二）》，64頁；李玉棻《甌缽羅室書畫過目考》卷三，中國書畫全書編纂委員會編《中國書畫全書（十二）》，1110頁。

〔註12〕 陶樑《紅豆樹館書畫記》卷八，中國書畫全書編纂委員會編《中國書畫全書（十二）》，852頁。

〔註13〕 梁江《中國美術鑒藏史稿》，195頁，文物出版社，2009年。

〔註14〕 《耕硯田齋筆記》，載朱鑄禹《中國歷代畫家人名辭典》，1101頁，人民美術出版社，2003年。

〔註15〕 彭蘊燦《歷代畫史匯傳》，中國書畫全書編纂委員會編《中國書畫全書（十一）》，209頁。

有發現其傳世作品。關於惲源濬女惲懷英、惲懷娥，將在下節閨閣畫家中專門論述。

第三節　惲冰、惲懷娥、惲懷英、惲珠等閨閣畫家

　　近代廣東學者洗玉清（1895～1965）談到古代女子成才的三種情況：「其一，名父之女，少稟庭訓，有父兄為之提倡，則成就自易；其二，才士之妻，閨房唱和，有夫婿為之點綴，則聲氣相通；其三，令子之母，儕輩所尊，有後嗣為之表揚，則流譽自廣」〔註16〕。在惲氏家族中，三種情況幾乎都有，因而產生了一大批能詩善畫的閨閣精英。有清一代的二百多年間，惲氏家族先後湧現出惲氏（惲鍾隆之妻）、惲蘭溪（惲源濬之妹）、惲懷娥（惲源濬女）、惲懷英（惲源濬女）、惲玉（惲鍾隆長女）、惲冰（惲鍾隆次女）、毛周（惲冰孫女）、惲珠（惲毓秀女）、惲璠（惲珠從妹）、惲恒等十數個閨閣畫家〔註17〕。這在明清兩代的藝術家族中，同樣是不多見的。

　　惲冰是惲氏閨閣畫家中成就最為顯赫者，也是惲氏家族中傳世作品最多、藝術成就最為突出的閨閣畫家。她字清於，一字浩如，號蘭陵女史、蘭陵女子，惲鍾隆（1706～1730）之女。按，惲鍾隆之父為惲范鏌，惲范鏌之父為惲騏，惲騏之父為惲珝，惲珝為惲厥初之子，則與惲壽平為堂兄弟，據此可知惲冰為惲南田族重孫女。曾有典籍誤載惲冰為惲壽平女或孫女，都是以訛傳訛之誤〔註18〕。

　　惲冰傳世作品主要有作於乾隆十三年（1748）的《金粟仙糧圖軸》（浙江省紹興市博物館藏）、乾隆二十四年（1759）的《紫藤朱帳圖軸》（北京故宮博物院藏）、乾隆二十八年（1763）的《國香春霽圖軸》（河南博物院藏），其他沒有年款的則有《傲霜秋豔圖軸》（中國美術學院藏）、《玉洞仙株圖軸》（浙江省博物館藏）、《花卉》（上海博物館藏）、《南山秋豔圖》（廣州藝術博

〔註16〕　洗玉清《廣東女子藝文考·自序》，長沙商務印書館，1941年。

〔註17〕　主要來源於以下四種資料：李寶凱編《毗陵畫徵錄》二卷補遺一卷，常州振群印刷公司，民國二十二年（1933年）；李鎮瀛主編《常州書畫家名錄》，政協常州市文史資料委員會，《常州文史資料》第十四輯，1997年；秦耕海編著《常州書畫家傳》，中國畫報出版社，2003年；葉鵬飛《常州畫派研究》，江蘇人民出版社，2008年。

〔註18〕　最早誤載惲冰為惲壽平之女的為清朝張庚《國朝畫徵續錄》，參見該書卷下，116頁，于安瀾編《畫史叢書（三）》，上海人民美術出版社，1963年。

物院藏）、《春風鶺鴒圖》（四川博物院藏）、《紫藤虞美人圖》（無錫博物院藏）、《牡丹蘭石圖軸》（浙江省紹興市博物館藏）、《東籬佳色圖軸》（無錫博物院藏）、《菊花圖軸》（中國文物商店總店藏）、《春風鶺鴒圖軸》（上海博物館藏）、《花卉冊（10開）》（上海博物館藏）、《花卉圖冊頁》（THE METROPOLITAN MUSEUM OF ART）、《藤花翠鳥圖扇面》（北京故宮博物院藏）、《蒲塘秋豔圖軸》（北京故宮博物院藏）、《南山佳色圖軸》（北京故宮博物院藏）、《傲秋霜豔圖》（江西婺源博物館藏）、《玉堂富貴圖》（常州市博物館藏）、《華春雙豔圖》（青島市博物館藏）、《牡丹圖》（濰坊市博物館藏）和《十二月季花卉圖》冊（舊金山亞洲藝術博物館藏）等。曾經文獻著錄過的作品有《華春雙豔圖》（李佐賢《書畫鑒影》卷二四）、《花鳥軸》（葛金烺《愛日吟廬書畫錄續錄》）卷五、《花卉冊》（方濬頤《夢園書畫錄》卷十九）、《罌粟》（張大鏞《自怡悅齋書畫錄》卷六）、《玉洞仙株圖軸》（邵松年《古緣萃錄》卷十一）、《花卉軸》（梁章鉅《退庵金石書畫跋》卷二十）、《花卉冊》（杜瑞聯《古芬閣書畫記》卷十八）等〔註19〕。從文獻記載及傳世作品看，惲冰所擅長的均為花卉。

《傲秋霜豔圖》（江西婺源博物館藏）〔註20〕是惲冰畫作中與惲南田畫風最為接近的一件作品，該圖作者自題「撫南田公本」，以示其藝術淵源。所繪菊花工整細膩、賦色豔麗，乃惲氏沒骨花卉的典型風格。同樣構圖、同樣技法的作品在惲壽平的《菊石圖》（四川瀘州博物館藏）和《菊花圖》（廣東省博物館藏）中可以找到類似的藍本。此類畫一般在左下側畫壽石，並配以幾簇鮮活的菊花，右下側及左上側一般為留白，左上側則是題款。惲冰另一件類似的《南山佳色圖軸》（北京故宮博物院藏）〔註21〕也是如此。這種較為程式化的模式在惲氏繪畫中較為常見，反映出他們陳陳相因的藝術傾向。

《玉堂富貴圖》（常州市博物館藏）〔註22〕構圖與《傲秋霜豔圖》極為相似。雖然作者自題「擬北宋徐崇嗣點色」，但實際上還是師法惲南田一路。究其實惲冰是否有機會見到徐崇嗣原跡還是一個問題，所謂的「擬」，更大的可能性還是「意臨」，惲南田的畫風也是來自於「擬」徐崇嗣。因此，從這個意

〔註19〕福開森編《歷代著錄畫目》，317頁，人民美術出版社，1993年。
〔註20〕婺源博物館編《婺源博物館藏品集粹》，182頁，文物出版社，2007年。
〔註21〕李湜《明清閨閣繪畫研究》，74頁，紫禁城出版社，2008年。
〔註22〕常州博物館編《常州博物館五十週年典藏叢書·繪畫卷》，64頁，文物出版社，2008年。

義上講，惲冰此作與前述《傲秋霜豔圖》的藝術根源還是一致的。所不同者，該作較為工細，頗有一種南宋院體風格的意蘊。晚清時期的金石書畫家竇鎮（1847～1928）這樣評述惲冰的沒骨技法：「芊綿蘊藉，用粉精純，迎日光，花朵燦灼」〔註23〕，顯然這種技法已經日漸流於技術的經營，這在此幅《玉堂富貴圖》中可以明顯地感受到。

相比較前兩作而言，惲冰作於乾隆二十四年（1759）的《紫藤朱帳圖軸》（北京故宮博物院藏）〔註24〕則顯得較為清新淡雅。該圖是對景寫生，作者在對自然景物的傳神寫照方面，和先祖惲壽平可謂一脈相承。其他如《藤花翠鳥圖扇面》（北京故宮博物院藏）〔註25〕則與此圖有異曲同工之妙。

《蒲塘秋豔圖軸》（北京故宮博物院藏）〔註26〕雖然也題著「撫南田公本」，實際上，類似這種荷花的風格在惲壽平時代的唐宇昭、唐炗畫中都能找到相應的影子。唐炗的《荷花圖》〔註27〕就與此圖有著驚人相似之處。這說明惲冰只學惲南田一家，而是對早期常州畫派風格都有所繼承。其他如《紫藤虞美人圖》、《華春雙豔圖》和《牡丹圖》等，均反映其主要畫風。

惲冰的沒骨花卉在乾隆時代名著吳中地區。據說乾隆初年，時任兩江總督的尹繼善（1695～1771）曾以其畫進呈孝聖後，高宗見而賞之，題詩嘉獎，從此聲譽大起。清代著名學者、官至戶部侍郎的李紱（1675～1750）曾有詩讚其畫藝：「黃筌妙筆吟花鳥，不用徐熙落墨花。忽地展圖識佳製，寫生生氣更橫斜」，言其畫學淵源於黃筌，更參以寫生；又有另一首詩云：「畫家今日重南田，閨秀猶誇得祖傳。共道花王勝姚魏，沉香亭畔最嬋娟」〔註28〕，是對惲冰本人祖述南田畫藝並發揚光大的畫風給予高度讚揚。在當時，惲冰的沒骨花卉與同鄉馬荃的鉤染花卉齊名，並譽為「江南雙絕」，可以極一時之盛。

惲冰夫婿為毛鴻調，不應科舉，兩人築小樓以居之，吟詩作畫以終老。他們育有四子，其中有名可考者為毛鳳朝、毛鳳梧、毛鳳儀，均從惲冰習畫，傳承家學，可惜現在並未發現其作品傳世。其孫女毛周則有《桂花雙禽圖》

〔註23〕竇鎮輯《國朝書畫家筆錄》卷四，載《中國歷代畫史彙編（第十冊）》，744 頁，天津古籍書店，1997 年；施淑儀輯《清代閨閣詩人徵略》卷三，181 頁，上海書店，1987 年。
〔註24〕李湜《明清閨閣繪畫研究》，70 頁，紫禁城出版社，2008 年。
〔註25〕李湜《明清閨閣繪畫研究》，71 頁，紫禁城出版社，2008 年。
〔註26〕李湜《明清閨閣繪畫研究》，72 頁，紫禁城出版社，2008 年。
〔註27〕秦耕海編著《常州書畫家傳》之附錄彩頁部分，中國畫報出版社，2003 年。
〔註28〕徐珂《清稗類鈔·著述類》，中華書局，1984 年。

（北京故宮博物院藏）〔註29〕行世。按，毛周，一作惲周〔註30〕，別署榴村女史，時人評其「點綴花卉，極其精麗」〔註31〕，說明仍然還是惲冰工筆細緻的一路風格。該圖署款曰「嘉慶辛酉」，為嘉慶六年（1801），風格淡逸，與惲南田、惲冰相比，似乎更要秀雅一些，不過也有論者認為「此圖的樹葉點染略顯工整，缺少造型變化，較惲冰的筆墨技法略遜一籌」〔註32〕，這是很有道理的。

惲懷娥為惲源濬長女，字紉蘭，善畫花卉，尤其善畫桃，竇鎮《國朝書畫家筆錄》稱其「花卉精雅」〔註33〕，《耕硯田齋筆記》則稱其「著色鮮潤，一本家法」〔註34〕，都是指其花卉畫而言，並言其繼承了惲南田一路的「家法」。傳世作品有《紫薇桂花圖軸》（北京故宮博物院藏）和《隱秋圖軸》（藏地不詳），文獻著錄的作品也僅有一件《歲朝圖》（李玉棻《甌鉢羅室書畫過目考·附》）〔註35〕。筆者並未見過其傳世作品，但從李湜《明清閨閣繪畫研究》中可知，「圖中花瓣以粉筆帶脂點染，氣韻生動，色度變化妙極自然，為其小幀畫作中的佳品」〔註36〕，說明仍然還是惲壽平沒骨寫生一路的風格。

惲懷英為惲源濬季女，號蘭陵女史，戶部郎呂光亨室。關於其生平事蹟及畫學經歷並不清楚，在清人所撰述的幾種畫學論述中關於她的繪畫的評述，據此可窺測其藝術之一斑：彭蘊燦的《歷代畫史匯傳》稱其「花鳥秀雅，尤長墨菊，書法娟好」〔註37〕，說明她是一個書畫兼擅的閨閣畫家，同時以墨菊著稱；湯漱玉《玉臺畫史》則謂其「幼傳家學，善花鳥，落筆雅秀，設色明淨」〔註38〕，竇鎮《國朝書畫家筆錄》稱其「花卉韶秀」〔註39〕，都是對其花鳥

〔註29〕李湜《明清閨閣繪畫研究》，77頁，紫禁城出版社，2008年。
〔註30〕秦耕海編著《常州書畫家傳》，87頁，中國畫報出版社，2003年。
〔註31〕《耕硯田齋筆記》，轉引自李湜《明清閨閣繪畫研究》，77頁。
〔註32〕李湜《明清閨閣繪畫研究》，77頁。
〔註33〕竇鎮輯《國朝書畫家筆錄》卷四，載《中國歷代畫史彙編（第十冊）》，749頁，天津古籍書店，1997年。
〔註34〕《耕硯田齋筆記》，轉引自李湜《明清閨閣繪畫研究》，75頁。
〔註35〕福開森編《歷代著錄畫目》，320頁，人民美術出版社，1993年。
〔註36〕李湜《明清閨閣繪畫研究》，75～76頁。
〔註37〕彭蘊燦《歷代畫史匯傳》，中國書畫全書編纂委員會編《中國書畫全書（十一）》，398頁；施淑儀輯《清代閨閣詩人徵略》卷三，181頁，上海書店，1987年。
〔註38〕湯漱玉《玉臺畫史》卷三，57頁，于安瀾編《畫史叢書（五）》，上海人民美術出版社，1963年。
〔註39〕竇鎮輯《國朝書畫家筆錄》卷四，載《中國歷代畫史彙編（第十冊）》，749頁，天津古籍書店，1997年。

（花卉）畫的評述。目前所見其傳世作品僅有兩件，一件是作於乾隆四十九年（1784）的《天中景映圖扇》（北京故宮博物院藏）〔註40〕，另一件則是作於嘉慶二年（1797）的《折梅圖軸》（日本觀峰館藏）〔註41〕。前者所繪折枝花卉自署為「法南田筆意」，乃承繼惲壽平畫風，用筆工細，賦色豔而不俗，體現出紥實的寫生功底；後者雖然主題是以梅花為主題，實則是一幅人物畫。在惲氏家族中，極少有擅人物畫者。該圖所繪仕女右手握梅，左手半舉，做擦汗狀，款款而行，眉目傳情，其態風姿綽約，風情萬種。其風格頗類同時期的改琦（1773～1828）、費丹旭（1801～1850）等諸家風韻，仕女臉頰修長，表情婉約，色彩流麗，是清代後期典型的仕女畫風格，體現出鮮明的時代特色。此圖的另一意義在於，由於惲氏家族人物畫極為罕見，因此，此圖的創作，折射出惲氏藝術家族多方面的繪畫才能。

惲珠（1771～1833）是惲氏閨閣書畫家中詩文、書畫兼擅者，同時也是清代有名的女學者。她字星聯，別字珍浦，號毗陵女史、蓉湖道人、蓉湖散人等，為惲壽平族孫女，惲毓秀（1732～1800）女，惲冰侄女，泰安知府完顏廷璐妻，擅詩文、書畫，著有《紅香館詩草》，編撰有《蘭閨實錄》、《國朝閨秀正始集》等。因其學識淵博，詩文書畫兼擅，因而被稱為「女中之儒」〔註42〕。

關於惲珠在詩歌、文學思想、文獻編撰學等方面的成就及「福慧雙修」的婦德，已有高春花撰寫的《惲珠與〈國朝閨秀正始集〉研究》專門述及。在這篇碩士論文裏，作者以大量的史料論證了惲珠及其輝煌的一生。作者認為，惲珠「以其對婦德的高揚和自身深厚的學養，走完了自己福慧雙修的一生：豐富的著書以及繪畫作品圓了少時的綺麗一夢，成就了一代才女；相夫有政聲，訓子為令臣，完美的盡了自己的婦職，成為賢妻良母的典範」〔註43〕，透過此文，我們認識到惲氏閨閣書畫家的另一面，即一個學者和一個詩人的形象：惲珠集數十年之力，編選了一本清代閨秀的詩選《國朝閨秀正始集》，同時創作了飽含激情的詩集《紅香館詩草》。作者為我們層層剖析，解讀了惲氏家族閨閣畫家的另一種形象，無疑成為我們瞭解惲珠的重要文本。此外，

〔註40〕李湜《明清閨閣繪畫研究》，75 頁。

〔註41〕觀峰館編集《第六回特別企劃展：清朝の美人畫》，圖版 2，日本京都滋賀縣觀峰館，平成九年（1997 年）。

〔註42〕施淑儀輯《清代閨閣詩人徵略》卷七，384 頁，上海書店，1987 年。

〔註43〕高春花《惲珠與〈國朝閨秀正始集〉研究》，南京師範大學碩士論文，2006 年。

聶欣晗的《滿清文化融合的使者、閨秀文化發展的領袖──惲珠》〔註44〕、黃玉的《完美的女儒──惲珠形象研究》〔註45〕和趙婷的《惲珠及其〈紅香館詩草〉研究》〔註46〕也對其詩文方面的成就作了深入探討。

惲珠「詩學、畫法皆得之宗傳」〔註47〕。早年從姑母惲冰學畫，深得其法。她主要擅長花卉，時人惲崇碩評其畫「深於畫理，每一花一鳥俱妙，寫生栩栩欲活」〔註48〕，林培厚則謂其「業本傳家，通畫學」〔註49〕，竇鎮《國朝書畫家筆錄》則稱其「所畫筆意雅潔」〔註50〕。遺憾的是，惲珠的傳世作品極少，目前所見僅有一件《海棠蛺蝶圖扇面》（北京故宮博物院藏）。李湜《明清閨閣繪畫研究》中稱該畫「花蝶點染生動，畫面簡潔精緻，設色鮮活明麗，一派南田寫生風貌」〔註51〕。在惲珠的《紅香館詩草》中可知，惲珠曾畫過牡丹、菊花、珠藤、魚藻、蝴蝶、荔枝等。其《題自畫小幅三首·牡丹》云：「幾度春歸欲惘然，誰知春事正暄妍。還憑點染春風筆，寫出深春第一仙」〔註52〕，可看出其詩情與畫境的融合。

惲珠之子完顏麟慶（1791～1846）是當時著名的水利學家、詩人。他字伯余，別字振祥，號見亭，嘉慶十四年（1809）進士，官至內閣中書、兩江總督，有《鴻雪因緣記》、《黃運河口古今圖說》、《河工器具圖說》、《凝香室集》等行世。不過並沒有資料顯示其擅長書畫。

惲氏藝術家族的書畫家還有很多。據現在所掌握的資料看，其作品傳世尚有惲彥彬的《行書四屏》（無錫博物院藏）、惲馨生的《石翠山房圖冊（1開）》（北京故宮博物院藏）、《石榴蜀葵圖軸》（廣州藝術博物院藏）、惲源成的《牡

〔註44〕 聶欣晗《滿清文化融合的使者、閨秀文化發展的領袖──惲珠》，《貴州文史叢刊》2009 年第 2 期。

〔註45〕 黃玉《完美的女儒──惲珠形象研究》，《大眾文藝》2019 年第 20 期。

〔註46〕 趙婷《惲珠及其〈紅香館詩草〉研究》，《齊齊哈爾師範高等專科學校學報》2019 年第 6 期。

〔註47〕 葉衍蘭《歷代文苑像傳·惲珠》，中國國家博物館藏，未刊本。

〔註48〕 惲崇碩《紅香館詩草·跋》，載惲珠《紅香館詩草》，石印本，宣統三年（1911年）。

〔註49〕 林培厚《紅香館詩草·序》，載惲珠《紅香館詩草》，石印本，宣統三年（1911年）。

〔註50〕 竇鎮輯《國朝書畫家筆錄》卷四，載《中國歷代畫史彙編（第十冊）》，752 頁，天津古籍書店，1997 年。

〔註51〕 李湜《明清閨閣繪畫研究》，73～75 頁。

〔註52〕 惲珠《紅香館詩草》，1 頁，石印本，宣統三年（1911 年）。

丹軸》（浙江省杭州市文物考古所藏）、《牡丹紫藤圖軸》（南京博物院藏）、《松
鶴圖》（首都博物館藏）、惲源吉的《花卉冊》（天津博物館藏）、《花卉圖》（日
本木佐靖治藏）、惲青的《紫藤遊魚圖軸》（北京故宮博物院藏）、惲楨的《花
卉軸》（南京博物院藏）、惲丙的《芍藥桃花圖》（南京市文物商店藏）、惲挺生
的《花卉條幅》（重慶中國三峽博物館藏）、《修竹春柯》扇面、惲咸的《春江
漁渡》扇面（均藏首都博物館藏）和惲桐的《花石條幅》（廣東省博物館藏）。
無一例外地，這些畫家及其作品都是以惲南田畫風為依託，形成了一個固有的
藝術家族體系，是「常州畫派」的重要組成部分。

　　清朝道光時期的大學士王鼎（1768～1842）在詩中這樣寫道：「寫生壓倒
徐黃手，竟說甌香老畫師。家法流傳本三絕，一花一石總天資」〔註53〕，這
是對惲氏藝術家族畫風的極好概括。正是在這種流風餘韻的感染下，惲氏藝
術家族成就了綿延三百餘年的一段畫壇傳奇，成為中國繪畫史上一道閃亮的
風景線。

〔註53〕麟慶《蓉湖草堂贈言錄》，轉引自高春花《惲珠與〈國朝閨秀正始集〉研究》，
　　　　南京師範大學碩士論文，2006年。

圖 1-1　清・惲源濬《十二月花卉屏》（1、2），絹本設色，204×55.5 釐米，
　　　　廣東省博物館藏

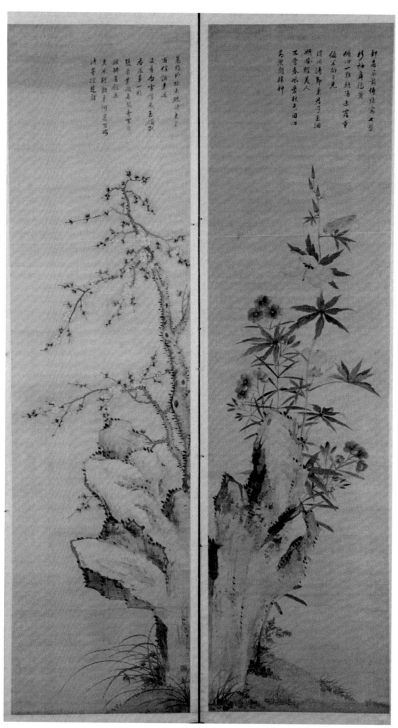

圖1-2　清‧惲源濬《十二月花卉屏》（3、4），絹本設色，204×55.5釐米，
　　　　廣東省博物館藏

圖 1-3　清·惲源濬《十二月花卉屏》（5、6），絹本設色，204×55.5 釐米，
　　　　廣東省博物館藏

圖1-4　清‧惲源濬《十二月花卉屏》（7、8），絹本設色，204×55.5 釐米，
　　　廣東省博物館藏

圖1-5　清·惲源濬《十二月花卉屏》(9、10)，絹本設色，204×55.5釐米，
　　　　廣東省博物館藏

圖1-6　清‧惲源濬《十二月花卉屏》（11、12），絹本設色，204×55.5 釐米，
　　　廣東省博物館藏

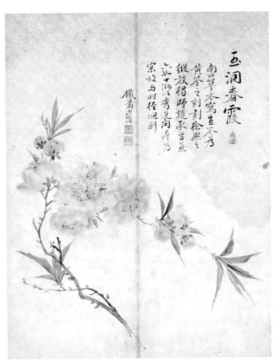

圖2 清‧惲源濬《玉洞春霞》，紙本設色，29.6×23 釐米，香港私人藏

圖3 清‧惲源濬《紫雲珠帳》，紙本設色，29.6×23 釐米，香港私人藏

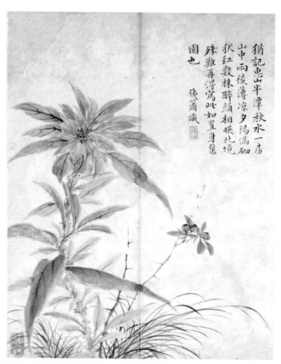

圖4　清‧惲源濬《舊園秋景》，紙本設色，29.6×23 釐米，香港私人藏

圖5　清‧惲源濬《山水》，紙本設色，29.6×23 釐米，香港私人藏

圖 6-1 清·惲冰《十二月季花卉圖》之一，絹本設色，41×33 釐米，舊金山
亞洲藝術博物館藏

圖6-2　清·惲冰《十二月季花卉圖》之二，絹本設色，41×33 釐米，舊金山
　　　亞洲藝術博物館藏

圖6-3　清‧惲冰《十二月季花卉圖》之三，絹本設色，41×33釐米，舊金山
亞洲藝術博物館藏

圖 6-4　清·惲冰《十二月季花卉圖》之四，絹本設色，41×33 釐米，舊金山
亞洲藝術博物館藏

圖6-5　清·惲冰《十二月季花卉圖》之五，絹本設色，41×33釐米，舊金山亞洲藝術博物館藏

圖6-6　清・惲冰《十二月季花卉圖》之六，絹本設色，41×33釐米，舊金山
　　　　亞洲藝術博物館藏

圖 6-7　清‧惲冰《十二月季花卉圖》之七，絹本設色，41×33 釐米，舊金山
亞洲藝術博物館藏

圖 6-8　清‧惲冰《十二月季花卉圖》之八，絹本設色，41×33 釐米，舊金山
　　　　亞洲藝術博物館藏

圖6-9 清・惲冰《十二月季花卉圖》之九，絹本設色，41×33釐米，舊金山
亞洲藝術博物館藏

圖 6-10　清・惲冰《十二月季花卉圖》之十，絹本設色，41×33 釐米，舊金
　　　　山亞洲藝術博物館藏

圖 6-11　清・惲冰《十二月季花卉圖》之十一，絹本設色，41×33 釐米，舊
　　　　金山亞洲藝術博物館藏

圖 6-12　清・惲冰《十二月季花卉圖》之十二，絹本設色，41×33 釐米，舊
　　　　金山亞洲藝術博物館藏

圖 7　清‧惲冰《玉洞仙株圖》，絹本設色，101.9×46.1 釐米，浙江省博物館藏

圖 8　清·惲冰《傲秋霜豔圖》，紙本設色，116×52 釐米，江西婺源博物館藏

圖 9　清‧惲冰《南山佳色圖軸》，紙本設色，106×54 釐米，北京故宮博物院藏

圖10　清・惲冰《玉堂富貴圖》，絹本設色，113×50 釐米，常州市博物館藏

圖 11　清‧惲冰《紫藤朱帳圖軸》，1759 年，紙本設色，北京故宮博物院藏

圖 12　清・惲冰《藤花翠鳥圖》扇面，紙本設色，16×49.8 釐米，北京
故宮博物院藏

圖 13　清・惲冰《蒲塘秋豔圖》軸，紙本設色，
127.7×56.6 釐米，北京故宮博物院藏

圖 14　惲冰《紫藤虞美人圖》，絹本設色好，52×37.5 釐米，無錫博物院藏

圖 15　清・惲冰《華春雙豔圖》，紙本設色，青島市博物館藏

圖 16　清‧惲冰《牡丹圖》，紙本設色，濰坊市博物館藏

圖 17　清・毛周《桂花雙禽圖》軸，紙本設色，北京
　　　故宮博物院藏

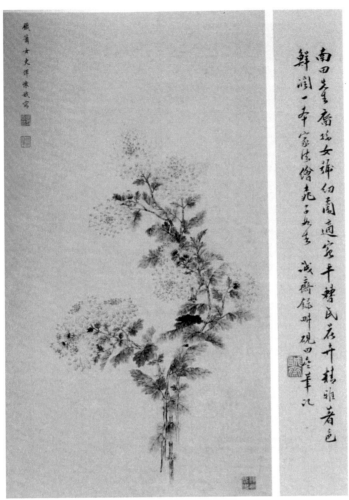

圖18 清‧惲懷娥《隱秋圖軸》，紙本墨筆，91×52 釐米，藏地不詳

圖19 清‧惲懷英《天中景映圖》扇面，紙本設色，17.8×52.5 釐米，
北京故宮博物院藏

圖 20　清・惲懷英《折梅圖》，紙本設色，日本觀峰館藏

圖 21　清・惲珠《海棠蛺蝶圖》扇面，紙本設色，16×49.2 釐米，
　　　　北京故宮博物院藏

圖 22　清・惲丙《芍藥桃花圖》軸，絹本設色，88×41.5 釐米，南京市
文物商店藏

圖23　清‧惲青《紫藤遊魚圖》軸，絹本設色，北京故宮博物院藏

圖 24　清・惲源成《松鶴圖》，絹本設色，196×124.3 釐米，首都博物館藏

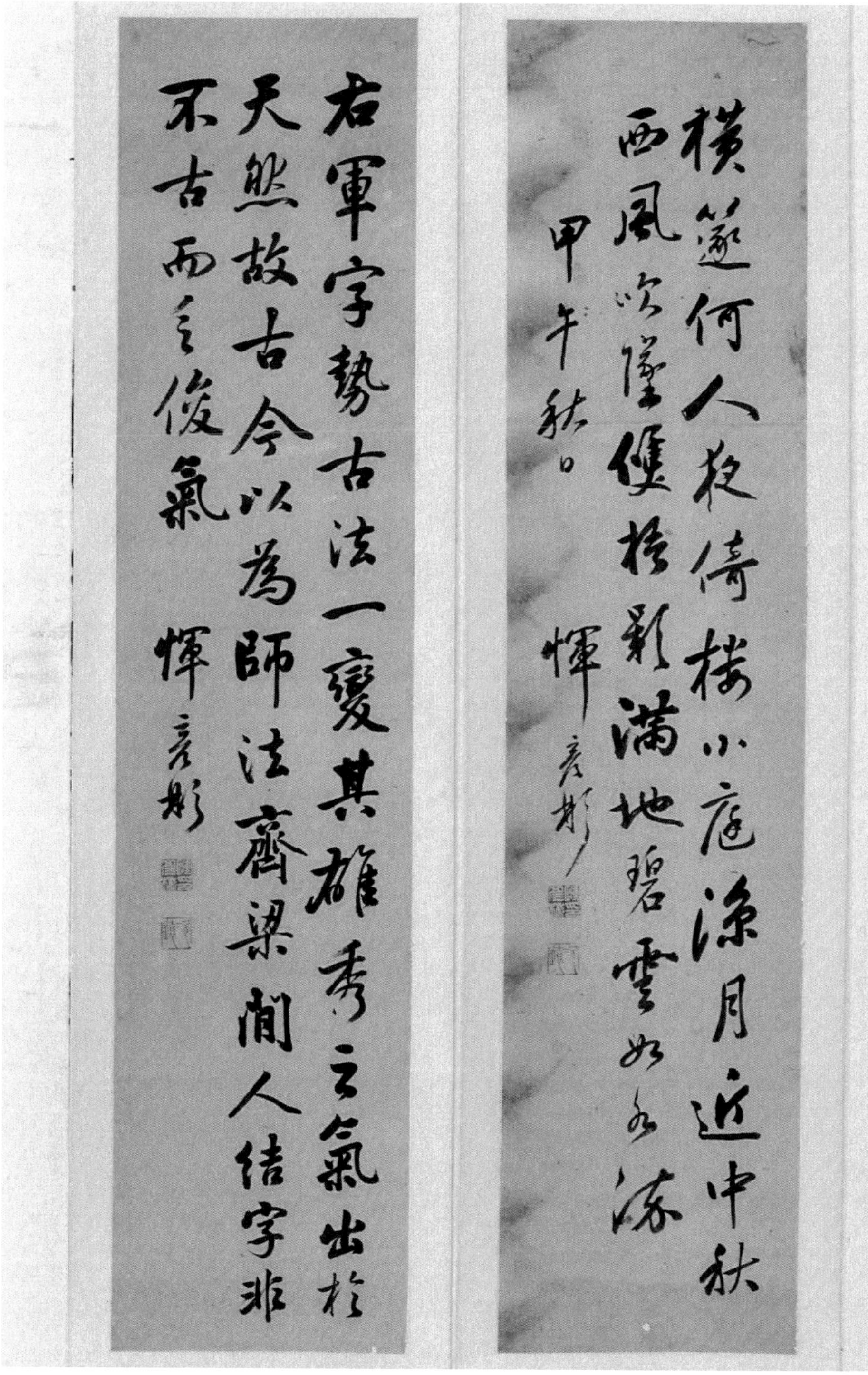

右軍字勢古法一變其雄秀之氣出於
天然故古今以為師法齊梁間人結字非
不古而乏俊氣　惲彥彬

橫篴何人夜倚樓小庭涼月近中秋
西風吹隆檻新滿地碧雲如水添
甲午秋日　惲彥彬

圖 25-1　清·惲彥彬《行書四屏》，紙本，125.5×29 釐米，無錫博物院藏

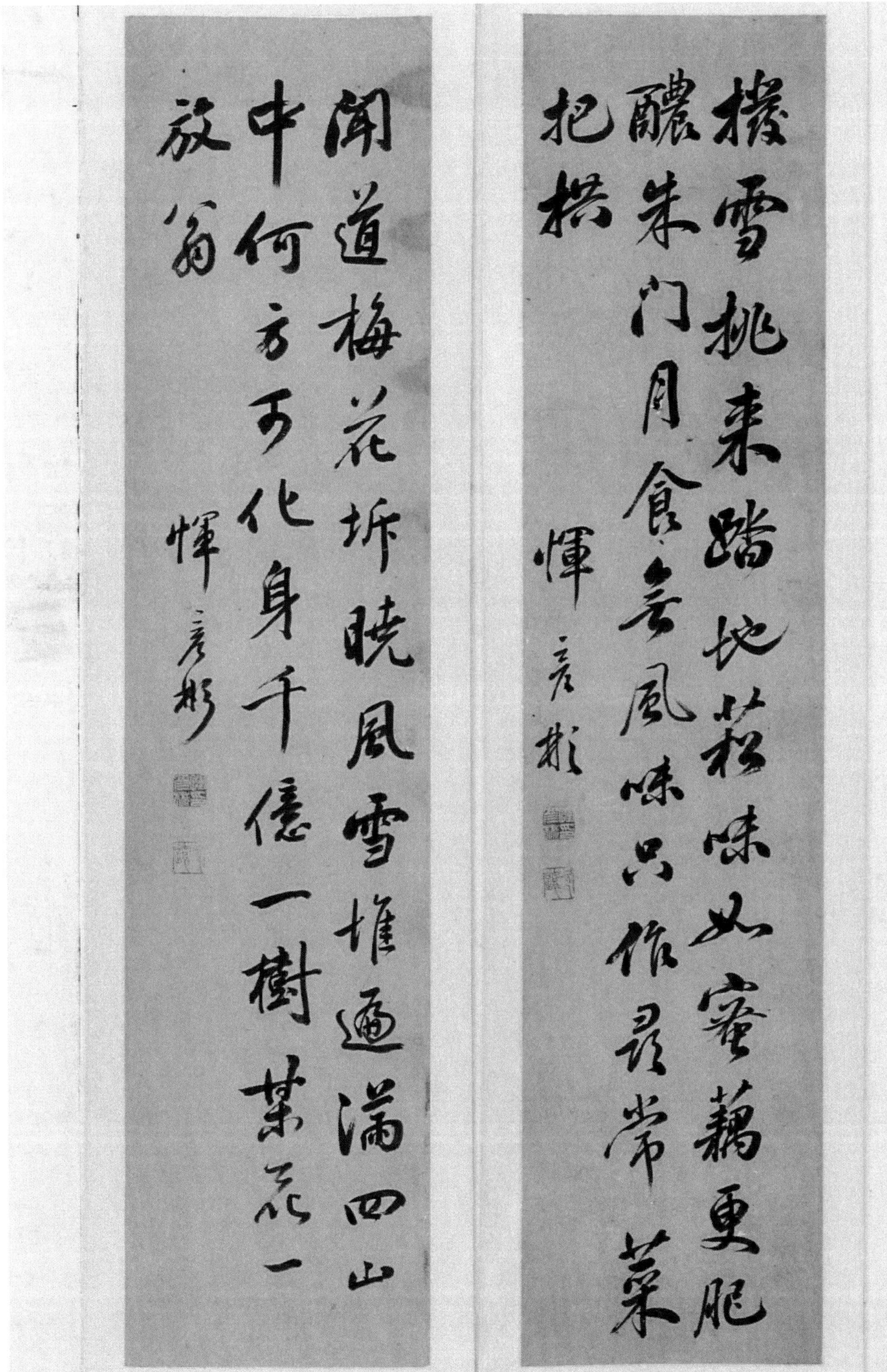

圖 25-2 清・惲彥彬《行書四屏》，紙本，125.5×29 釐米，無錫博物院藏

圖26　清・惲咸《春江漁渡》扇面，紙本墨筆，首都博物館藏

圖27　清・惲挺生《修竹春柯》扇面，紙本設色，16.3×46.5 釐米，首都博物
　　　館藏

第六章　惲壽平及家族畫像考察

　　惲壽平的沒骨花卉影響清代畫壇二百餘年〔註1〕。其畫傳派甚多，追隨者
代不乏人，不僅其惲氏家族諸多畫家傳其衣缽，自清初以降直到二十世紀的花
鳥畫壇，也都占溉良多。正因如此，畫以人貴，惲壽平的繪畫不僅為人珍視，
受人追捧，連帶其畫像也受到垂注。在清初至晚清的二百餘年間，摹繪其畫像
者不計其數。清人黃紹箕（1854～1908）有《題惲南田像》詩云：「流離生是
拔心草，窮老猶摹沒骨花。京洛貴人爭購畫，誰知忠孝舊傳家」〔註2〕，可知
其畫像被人膜拜乃因其畫的緣故，「京洛貴人爭購畫」可見其畫受人激賞的狀
態。據不完全統計，現存的惲壽平畫像至少有十二種，其中十種為繪製的原跡，
均收藏在各個公立博物館，兩種為線刻本和石刻本。如果將流傳在民間的畫像
計算在內，那數量將更為可觀了。在明清兩代畫家中，單就畫像傳世數量躍居
前列而言，明代有董其昌，清代當推惲壽平。他們兩人都是畫壇的開宗立派者，
分別代表了明清兩代畫壇的重要成就。關於董其昌畫像的傳播與影響，筆者已
有專文論及〔註3〕，現在則就惲壽平畫像展開探究，以見其人其畫在清代的影
響與流播。

〔註1〕朱萬章《惲壽平對清代畫壇的影響》，《中國書畫》2016 年 7 期總第 163 期。
〔註2〕黃紹箕《題惲南田像》，謝作拳點校《黃紹箕集》卷七，454～455 頁，中華書
　　　　局，2018 年。
〔註3〕朱萬章《董其昌肖像考》，《美術觀察》2019 年第 3 期總第 283 期。

第一節　關於惲壽平畫像的考察

　　惲壽平曾畫過自畫像，但只畫背而不畫面目。他在《題自寫真》中說：「壽道人自寫小照，寄語世間人，言視其背，其面目不足觀也」〔註4〕。清代詩人兼學者趙懷玉（1747～1823）亦有《題惲正叔自寫真為汪恭》詩曰：「汪子慕南田，書畫臨摹頻。藏書復藏畫，得硯尤所珍。有客頻解事，贈其自傳神。但能相君背，難見面目真。手既攜杖策，腰更插斧斤。策可籍扶老，斧可供樵薪。胡為偏匿山，令人弗能親。得非取諸良，艮背不獲身。棟居八十叟，題語許敷陳。汪子字恭壽，即今壽道人。得圖信良緣，胡莫非前因」〔註5〕。汪恭是安徽休寧人，長期寓居毗陵，擅畫山水、花卉和人物。趙詩談到汪恭仰慕並臨摹惲壽平書畫，獲得客人贈送的惲壽平自畫像，可見惲壽平的追捧者不僅喜好其書畫，連帶其畫像也受到青睞。這是惲壽平畫像在清代頻繁出現的重要原因。

　　現在所見十二種惲壽平畫像，除去線刻本和石刻本外，十種手繪本分別為謝谷、濮壽同、葉衍蘭、歐源、顧文彬、吳滔、沈塘等人所繪。除吳滔和沈塘所繪兩件畫像未見其作品、未知其造型外，其餘八種從造型看，分別有半身像五件，整身像三件。整身像又分為站姿一件和坐姿兩件。從書畫的形制看，則立軸三件，冊頁四件，橫幅一件。從繪畫的功能性看，則獨立畫像四件，從屬畫冊或與其他畫像合冊者四件。現將其列表如次。

序號	作　者	畫　名	形制	尺　寸	質地顏色	出　處	簡　稱	造型
1	謝谷	惲壽平像	立軸	66.3×24.2	紙本設色	北京故宮博物院	謝谷本	半身
2	歐源	惲南田逸士小像	立軸	100.7×33.6	紙本設色	中國國家博物館	歐源本	整身
3	濮壽同	惲南田先生五十四歲小像	立軸	73.4×44	紙本設色	中國國家博物館	國博本	半身
4	葉衍蘭	清代學者像傳·惲壽平	冊頁	29.9×15	紙本設色	中國國家博物館	葉衍蘭甲本	整身

〔註4〕惲壽平著，吳企明輯校《惲壽平全集（中）》，577頁，人民文學出版社，2015年。

〔註5〕趙懷玉《亦有生齋續集》卷三，惲壽平著，吳企明輯校《惲壽平全集（下）·附錄》，1133頁，人民文學出版社，2015年。

5	葉衍蘭	歷代文苑像傳·惲壽平	冊頁	29.9×15	紙本設色	中國國家博物館	葉衍蘭乙本	整身
6	李岳雲	摹惲壽平像	橫幅	24.7×52.7	紙本設色	南京博物院	李岳雲本	半身
7	顧雲樓	南田草衣耕煙散人遺像	冊頁	26.8×35.3	紙本設色	上海博物館	上博本	半身
8	顧雲樓	南田草衣小像	冊頁		紙本設色	天津博物館	津博本	半身
9	吳滔	惲壽平像	立軸			天津博物館		
10	沈塘	摹惲壽平像並書家傳	立軸	58.5×25		北京故宮博物院		
11	徐璋	南田草衣小像					石刻本	
12	佚名	南田草衣小像					線刻本	

　　這些畫像中，「謝谷本」、「國博本」、「歐源本」和吳滔、沈塘之作均為立軸，便於懸掛、觀賞。「李岳雲本」是橫幅，既便於懸掛欣賞，有利於攜帶。「上博本」和「津博本」都是山水花卉冊之所後配，而且都是由顧雲樓主顧文彬本人或倩人摹繪。「葉衍蘭甲本」和「葉衍蘭乙本」都是諸多畫像冊之一。諸本畫像中，除四件冊頁外，都是基於懸掛欣賞等功能而存在，占存世畫像的六成以上。

第二節　惲壽平畫像題跋考釋

　　現在所知的十二件惲壽平畫像中，除去吳滔和沈塘之作未詳其情況外，現對另外十件作品畫面的文字信息考釋如次：

一、「謝谷本」《惲壽平像》

　　此圖作者為謝谷，其題識曰：「謝谷謹繪」，鈐白文方印「滄浪釣徒」。謝谷，字石農，江蘇南通人，擅畫山水、人物和花卉，兼工詩，尤工人物肖像，史稱其「作白描照覆酷肖」[註6]。在其傳世作品中，除此畫像外，尚有《墨

〔註6〕龔方緯著，宗瑞冰整理《清民兩代金石書畫史（下）》卷五，389頁，鳳凰出版社，2014年。

筆山水冊》（安徽博物院藏）。

畫心上側分別有陳希濂和應時良題跋。陳希濂題跋曰：「惲南田先生真像，錢塘陳希濂拜題」，鈐白文方印「陳希濂印」。陳希濂，字秉衡，號瀫水，浙江錢塘（今杭州）人，清嘉慶三年（1798）舉人，詩書畫兼工，其畫以花卉見長，得陳道復法，著有《瀫水草堂詩集》。

應時良題跋曰：「國初以來推畫史，南田翁並石谷子。一精花卉一山水，異曲同工歎觀止。惜乎其人亡久矣，我僅得見畫而已。前年訪友語溪涘，蔡侯家藏圖一紙（研香廣文）。烏目山人像酷似，坐石而觀海潮起。自題款識書卷尾，謂寫真者亦名士。旁添水石筆出己，尺幅中具勢千里。竭來智家又睹此，儼然白雲外史是。戴笠袖手杖不倚，半身下不露襪履。一般神采如未死，略覺老蒼較勝彼。畫者雖不詳姓氏，要非凡手可知耳。惜未合併畫兩美，雖然得一亦足喜。況君近頗精畫理，供合明窗與淨几。祝一瓣香敬師比，翁應許為高足弟。助爾萬花開筆底，丹青從此神其技。道光二十一年歲在辛丑孟冬月，蕅薌賢倩以此屬題，率成柏梁體一首應之。時冰雪苦寒，呵凍而書，十指如紅薑，幾幾乎欲脫也。笠湖老人應時良作於百一山房之南窗」〔註7〕，鈐白文方印「時良」和朱文方印「笠湖」。應時良（1784～1856），字笠湖，浙江海寧人，擅畫，以梅花見長，著有《百一山房集》。

雖然此畫作者謝谷的生平和活動時間不詳，但兩個題跋者都是嘉道時期人，且應時良的題跋書於道光二十一年（1841），故此畫的時間當不晚於此時。

二、「歐源本」《惲南田逸士小像》

作者歐源題識：「秋濤歐源寫於芝鶴室」，鈐白文方印「歐源之印」和朱文方印「秋濤」。關於歐源的生平資料，史載闕如。但就其畫風和款識看，當為清代中晚期職業畫家，字秋濤，其齋名為芝鶴室。除此畫外，尚有《陸游像》軸、《毛奇齡朱彝尊合像》軸和《金農像》軸（均藏中國國家博物館）。這些作品都是對前人畫像的傳移模寫。

畫心上側有裘日修題跋：「惲南田逸士小像。惲格，字壽平，以字行，更字正叔，號南田，又號白雲外史，一作雲溪外史，亦稱東園客，武進人，曰初子。幼年薙染靈隱寺。書法得褚河南神體，遒逸可愛。畫山水、花卉俱為國朝

〔註7〕故宮博物院編《明清肖像畫》，136 頁，商務印書館（香港）有限公司，2008年。

第一。山水入大癡之室，秀潤天成。寫生亦徐黃法，賦色之妙，為古今絕藝。工詩，為毗陵六逸之冠，有《南田詩鈔》。裘日修並識於吳門」，鈐朱文方印「裘日修」。裘日修（1712～1773），字叔度，一字漫士，號諾皋，江西新建人，乾隆四年（1739）進士，歷官禮部、刑部和工部尚書，著有《裘文達公詩集》和《西清古鑒》等。

　　裘日修的主要活動時間在清代乾隆前、中期，故此畫的最晚時間當在這一時期。

三、「國博本」《惲南田先生五十四歲小像》

　　畫心有濮壽同題識：「惲南田先生五十四歲小像，壽同」，鈐白文方印「濮」和「樂得公第十七世者」。關於濮壽同生平事蹟，史載闕如。

　　在裱邊，共有九人題跋，分別是夏孫桐、陳寶琛、陳曾望、沈塘、王中立、錢葆青、王懿榮、端方和李葆恂。九人題跋中，有明確上款者五人，分別為夏孫桐、陳寶琛、陳曾望、萬中立和錢葆青，其上款人分別為「戒龕」和「沅叔」。「戒龕」為李葆恂（1859～1915），字寶卿，號文石、叔默、戒龕、戒庵、猛庵、紅螺山人、孤笑老人、熙怡叟、鳧翁等，河北易縣人，李鶴年子，曾官江蘇候補道，曾入端方幕下。富藏書畫，工詩，著有《海王村所見書畫錄》、《紅螺山館詩鈔》和《三邕翠墨簃題跋》等。「沅叔」為傅增湘（1872～1949），字潤沅，號沅叔、藏園居士，四川江安人，清光緒二十四年（1898）進士，歷任教育總長、故宮博物院圖書館館長等，著有《藏園群書經眼錄》、《藏園續收善本書目》、《藏園群書題記》、《清代殿試考略》、《雙鑒樓珍藏宋金元秘本目錄》、《藏園老人遺稿》、《衡廬日錄》、《藏園居士六十自述》和《雙鑒樓善本書目》等。沈塘題跋雖未注明上款人，但注明「得瞻於三邕翠墨簃」，故也是應李葆恂之邀所題。王懿榮和端方的題跋雖無上款，但李葆恂自題中言及王懿榮題跋之事，故也是應李葆恂之邀所題。而端方與李葆恂同時，且與李葆恂是幕主與幕僚的關係，故其題跋應也是為李葆恂所題。

　　由現有的文字信息可知，李葆恂是此畫最早的收藏者。他在裱邊下側自題曰：「此像為濮君壽同所摹。雖未言所出，然與世傳寶惲堂石刻戴笠像絕相似，必真蹟本也。己亥正月，得之於松津，攜至京師。福山王文敏公見之，為題二絕句。公長於考證，韻語不多作，此詩風味雋永，楷法亦精妙異常，作可寶也。明年夏五月，拳民變起，公知事不可為，志在必死。錫臘胡同寓舍舊有一井，

以口隘，至是命鑿而大之。七月，乘輿出狩，公聞之，具衣冠，投井死。夷兵見者，脫冒稱：忠臣！忠臣！為羅守其舍云先四五日。余家人自都南下，公以手書託寄其親家吳仲懌觀察。余至袁浦，與觀察相遇，出書共讀，略云：事亟矣，某為近臣，當扈從，然忝朝命為團練。天臣義不可去，居圍城中，無錢，無米，不兵死，必餓死。等死，吾死國矣。末復大書『死矣死矣，呵呵』六字，可謂從容就義者矣。草衣像每有公手跡則可貴，敬識如右。辛丑冬日李葆恂」，鈐朱文長方印「文石題跋」。此題書於光緒二十七年（1901）。由此題可知，此畫李葆恂於光緒二十五年（1899）得於河北松津，由其帶到北京。題跋中談到義和團事（拳民變起），以及八國聯軍入京後王懿榮殉節諸事，從側面瞭解到一個時代的巨大變亂。

現將有李葆恂上款或應其之約的題跋釋讀如下：

陳曾望題跋曰：「天梳日帽幾人豪，詩畫原因品節高。不是科頭留我相，難忘冠帶父兄朝（先生因父兄終於明故，不應舉，惟攻詩畫，以布衣終老）。寄姓吾宗遇亦奇，夫人巨眼識佳兒。豐裁到老猶稜岸，想見岐嶷總角時（先生年十三為亂兵所略，見總督陳錦。錦無子，夫人愛其聰穎，遂以為子）。密札殷勤寄婿開，晚年得子費心裁。而今族望推江左，卻向婁東一線來（先生晚年納妾婁東，夫人不知也。生子後始致書女婿，令其婉言代達，亦想見河東獅吼之威矣。書載王曰旦《愛石山房法帖》中）。詩有仙心畫有神，卻從尺幅認全身。手中一卷誰能識，喜得青蓮作主人。光緒二十八年壬寅三月廿日燈下書奉戒龕世叔先生教正，靳水陳曾望畏齋」，鈐白文橢圓印「蘇記堂」、白文方印「畏齋題記」和「靳水陳氏曾望字希呂號畏齋一號則生」。此題書於 1902 年。陳曾望，字希呂，號畏齋，湖北靳水人，舉人，擅詩文書法，著有《畏齋集》，有《行書聯》（安徽博物院藏）行世。

沈塘題跋曰：「天生仙骨果何為，三絕才華亦數奇。夢斷毗陵雲外樹，喜從畫裏認鬚眉。偶還初服偶披淄，虎口餘生遇亦奇。霞想雲情無處見，聊將採筆受人知。濃墨甌香風雨淒，平生只愛學倪迂。流傳片楮人爭惜，辛苦寒窗養不難。風流豔說白雲溪，只許虞山畫格奇。誰識熙筌粵島外，新篁古石壓雲西。南田先生象夙所景仰，壬寅春暮得瞻於三邑翠墨簃謹題四絕句，吳江沈塘」，鈐朱文方印「吳江沈塘」。此題書於 1902 年。沈塘字蓮舫，號雪廬，江蘇吳江人，「海上畫派」畫家陸恢（1851～1920）弟子，擅畫花卉翎毛，兼擅人物肖像。

萬中立題跋曰：「蒼茫獨立雲溪叟，留得清標掛雅堂。笑語婁東老畫者，

一篇詩卷讓甌香。品誼文章皆足式，竟將身世老岩堂。憐儂未見先生畫，詠到東園句亦香。光緒壬寅二月既望，僧盧戩、景簾、函春、疊舊題《宣示表》原均得二斷句，奉題南田草衣畫像，戒盦先生藏本也，藻陽萬中立，時寓雄楚樓」，鈐朱文方印「萬中立印」和「梅嵒題詩」。

萬中立再題曰：「一幅江山圖畫開，心傾大雅總遲回。流傳妙跡原非偶，似為先生題象來。詠南田像詩成，粵日得先生《江山圖》，依題畫詩均口占一絕，以志奇緣，原詩附錄。梅岩學人中立。霜樹千帆憲府開，輕裘濟嘯大江回。江山風月今誰主，載酒開從赤壁來」，鈐朱文長方印「中立」。此題書於 1902 年。萬中立（1861～1907），字欣陶，號梅岩，湖北漢陽人，官江蘇候補道，好藏彝器、碑帖，曾收藏宋拓《漢熹平石經》等名品，與端方、繆荃孫、陳曾望等同屬一個碑帖鑒藏朋友圈〔註8〕。

錢葆青題跋曰：「三絕才華八歲成（先生八歲詠蓮花詩得名），一門士女二難並。潭思十載沈禪理，孤詣千秋掩畫名。博物流傳重歐亞（法博物院列先生畫一幀），後人品驚躡元明。大雲世系編家傳（見子庭先生文集），重見鬚眉栩栩生。造物予人角齒殊，藝之精者特成孤。如何粉本流浮豔（近世仿甌香者，失之通遠），試檢風神窅古臞。絕席未應參石谷，高縱逕歌訪倪迂。渾愁大地華雖潰，為化先生億萬圖（隱用先生軼事）。壬寅正月廿五日，戒盦先生以南田草衣像命題，為賦二長律，襄陽錢葆青，時同客武昌」，鈐白文方印「仲仙詩翰」和朱文方印「溶上庵主」。此題書於 1902 年。錢葆青，字仲仙，號靈韜、看鏡老人，湖北襄陽人，光緒十五年（1889）舉人，歷湖南清泉、平江和衡陽知縣及京師大學堂國文教習等，喜好金石碑帖收藏，擅詩文，著有《戊辰銷夏百一詩》和《己巳銷夏懷人詩》等。

王懿榮題跋曰：「曾將玄賞例甌香（舊藏禹鴻臚臨董文敏小像，與先生此像絕相似），一樣鬚眉兩代裝。五十八年辰巳歲（先生歿於康熙庚午），玉簫聲裏舞霓裳（南田原句）。岳蓮丹彩天仙狀，荒社詩人自解嘲（岳蓮丹彩，先生臥屙荒社，上程穆倩句，乃以自喻）。我見真容應下拜，傳家先集說神交（先尚書《養素堂集》中文稱與先生為神交）。南田草衣小像，未署欵，為誰氏臨本，與臨本之所自出，不能詳也。光緒己亥清明後二日，見於直廬，懿榮敬題」，鈐朱文方印「南齋供奉」，此詩收錄於王懿榮《王文敏公遺集》，詩題為《題南

〔註8〕柳向春《從兩本宋拓漢石經的聚散看萬中立與端方的交誼》，《紫禁城》2019 年第 10 期。

田草衣小像，像未署欵，不知為誰氏臨本，與臨本之所自出，不能詳也，己亥清明後二日見於直廬》，詩與刊本一致，惟有詩注與刊本有數處相異，不過基本上大同小異〔註9〕。此題書於光緒二十五年（1899）。王懿榮（1845～1900），字正儒，一字濂生、蓮生，山東福山人，光緒六年（1880）進士，以翰林擢侍讀，喜好金石書畫、訓詁文字，為近代最早發現甲骨文者，著有《南北朝存石目》、《福山金石志》和《漢石存目》等。

端方題跋曰：「風格原居老瓚先，如何品第到熙筌。餘生蒙難干戈際，一飯閉門風雨天。似有閒情同晦木（若先生宗炎），何曾獨步讓耕煙。怪來面目清臞甚，本足靈巖水月禪。端方敬題」，鈐白文長方印「匋齋題記」。端方（1861～1911），字午橋，號陶齋，別署浭陽陶父、樂道主人等，滿洲正白旗人，歷官陝西按察使、河南布政使、湖北巡撫、湖廣總督、閩浙總督、直隸總督、川漢、粵函鐵路督辦大臣等，喜好金石書畫，富藏碑帖、善本古籍，有《壬寅銷夏錄》、《陶齋藏石記》、《陶齋吉金正續錄》和《陶齋藏器目》等行世。

在李葆恂鑒藏之後，此畫由傅增湘收藏。夏孫桐和陳寶琛便是應傅氏之約所題。

夏孫桐題跋曰：「國初畫家多逸民，南田三絕尤嶙峋。傳重萬本難得真，不如誦詩知其人。今見遺像奕有神，修眉秀目謦欬親。如射冰雪自軼倫，首陽薇蕨還求仁。雙忠題字並可珍，請續寶惲鐫貞瑉。紛紛繪林囂且塵，誰見林宗墊角中。沅叔先生屬題，江陰夏孫桐」，鈐白文方印「孫桐之印」。夏孫桐（1857～1942），字閏枝，一字悔生，號龍高、閏庵，江蘇江陰人，光緒十八年（1892）進士，選庶吉士，授編修，歷官湖州、寧波和杭州知府，擅詩詞、書法，著有《觀所尚齋文存》、《滄海遺音集》和《悔龕詞》等。

陳寶琛題跋曰：「俟齋鶴澗倘同壽，三絕猶當第一流。懶記餓鄉聊遁世，未因藝事累清修。己巳重九題奉沅叔館丈大人雅正，弢庵陳寶琛」，鈐朱白文相間印「陳伯潛」。陳寶琛（1848～1935），字伯潛，一字弢庵，福建閩縣人，同治七年（1868）進士，歷官內閣學士、禮部侍郎等，兼擅詩文書畫，著有《滄趣樓詩集》、《滄趣樓文存》和《南遊草》等。陳寶琛的題跋書於 1929 年，這也是目前所見此畫顯示最晚的文字信息。由中國國家博物館的藏品資料顯示，1950 年 4 月 2 日由傅忠謨先生將此畫捐贈予北京歷史博物館（即今之中國國家博物館）。傅忠謨（1905～1974），字晉生，四川江安人，係傅增湘之

〔註9〕王懿榮《王文敏公遺集》卷五，正讀亭詩，民國劉氏刻求恕齋叢書本。

子，書畫鑒定家傅熹年之父，長於版本目錄學編有《藏園校畫錄》和《百宋編》等。

以上題跋中，具年款者，最早為 1899 年，最晚為 1929 年，都集中在晚清民國時期，故此畫的最晚時間，可確定在光緒末年。

四、「津博本」和「上博本」

「津博本」《南田草衣小像》為惲壽平《山水花卉冊（八開）》（天津博物館藏）前之後配畫像，畫心右側以篆書題「南田草衣小像」，左側以小楷題寫：「當代大家，石谷南田。石谷畫聖，南田則仙。筆參造化，紙落雲煙。山水董巨，花鳥熙筌。書中黃庭，詩中青蓮。凌波洛神，瑤臺嬋娟。橫江白鶴，羽衣蹁躚。雲意霜拍，玉潔冰堅。如鏡取影，如月在淵。心香一瓣，結翰墨緣。辛巳重陽前三日民庵老人題於過雲樓」〔註 10〕，鈐白文方印「文彬私印」和朱文方印「民庵」。該畫冊之裱版題簽上亦有顧文彬題識：「白雲外史真蹟無上神品。南田是謫仙，人書詩畫俱絕倫。不食人間煙火，惟弄山中白雲。民庵署並題」，鈐白文方印「民庵居士」。在題簽之左下側另有朱文方印「頌閣所藏」，此乃徐郙（1838～1907）鑒藏印。此題書於光緒七年（1881）。顧文彬（1811～1889），字蔚如，號子山、紫珊、民庵，江蘇蘇州人，道光二十一年（1841）進士，官湖北漢陽府，擢鹽法道，補寧紹道等，富藏法書名畫，著有《過雲樓書畫記》和《鶴廬畫學》等。

「上博本」《南田草衣耕煙散人遺像》為王翬的《仿古山水圖冊（十開）》（上海博物館藏）前所後配的畫像，乃惲壽平和王翬合像，均為半身像，惲壽平在右側，王翬在左側。畫心上側為隸書題識：「南田草衣耕煙散人遺像，過雲樓摹」〔註 11〕，並無題識者鈐印，但在畫心左下側有一朱文長方鑒藏印「吳興龐氏珍藏」。此畫為王翬繪製仿古山水，惲壽平在畫心中有題跋，是為「王畫惲題」。該畫冊在顧文彬之後，入龐元濟（1864～1949）的虛齋中，著錄於龐氏《虛齋名畫錄》中〔註 12〕。

〔註 10〕中國古代書畫鑒定組編《中國古代書畫圖目（十）》，43 頁，文物出版社，1993年。

〔註 11〕王翬《仿古山水圖冊》，王翬與惲壽平合像，山西博物院、上海博物館編《虞山畫派書畫精品集》，170 頁，山西人民出版社，2015 年。

〔註 12〕龐元濟撰，李保民校點《虛齋名畫錄》卷十四，838～841 頁，上海古籍出版社，2016 年。

五、「葉衍蘭甲本」、「葉衍蘭乙本」和「李岳雲本」

「葉衍蘭甲本」和「葉衍蘭乙本」分別為《清代學者像傳》和《歷代文苑像傳》中的一開，均無作者款識、印鑒，但在畫像對開有葉衍蘭以小楷書寫的惲壽平傳記。葉衍蘭（1823～1897），字南雪，號蘭臺，廣東番禺人，清咸豐六年（1856）進士，歷任翰林院庶吉士、散館主事、軍機章京等，擅詩詞書畫，著有《海雲閣詩鈔》和《秋夢盦詞》。他所摹繪的《清代學者象傳（第一集）》和《歷代文苑象傳》（中國國家博物館藏），在清代學術史和肖像畫方面居功厥偉。前者自民國以來已多次出版，影響甚巨，後由職業畫家楊鵬秋摹繪了第二集。後者則以歷代文人雅士為對象，自然也包括清代，且不乏閨閣才女。惲壽平分別出現在兩種畫像傳中，足見其在葉衍蘭心目中地位之重。

「李岳雲本」《摹惲壽平像》先是抄錄《大雲山房集》的《南田先生家傳》，然後自署：「西泠李岳雲重摹並書」，鈐朱文圓印「李」和白文方印「岳雲私印」。關於李岳雲生平事蹟，並無相關文獻記載。筆者曾在一篇討論王原祁（1642～1715）的肖像畫文章中談及其有多幅臨摹的肖像畫行世，可知其擅畫人物肖像，且多以摹繪前人底本為主。由這些作品的題識、印鑒可推知，他別號楞道人，別署凌州、西泠，曾客居湖北鄂州及武昌，活躍於清代光緒年間，應為專畫人像的職業畫家〔註13〕。

第三節　題跋所示惲壽平畫像的生成與傳播

以上諸畫就其畫風及題跋可知，除葉衍蘭為清代有名的學者和書畫家外，其他畫像的作者或者為佚名，或者為資料罕覯的職業畫家。由此不難看出，惲壽平畫像的生成，多半源自其受眾所需，而職業畫家在肖像的繪製或簡單的傳移模寫方面，比文人畫家更得心應手。

惲壽平畫像之所以受到垂注並和其畫一樣得以流播，歸根結底還是其繪畫的影響力所致。其畫像的諸多題跋除談及其身世與相關文獻記載大致相近外，還涉及對其人其畫的評騭，以及其畫與畫像的傳播等。如果剔除一些習以為常的溢美之詞，其內容大致可分為以下三個方面：

〔註13〕朱萬章《晚清時期的四件王原祁小像》，《美術大觀》2021 年第 1 期。

一、惲壽平與王翬並美

　　王翬以擅畫山水著稱，是清初「四王」之一，又與王時敏、王鑒、王原祁、吳歷和惲壽平並稱「清初六家」。惲壽平早年亦擅畫山水，一種廣為流傳的說法是因其與王翬交善，不願與其爭雄，「君獨步矣，吾不為第二手也」〔註14〕，因而改畫花卉，故惲氏和王翬各擅勝場，獨步一時，端方題跋中所言「何曾獨步讓耕煙」即是指此（耕煙即王翬）。應時良在題跋中所說：「國初以來推畫史，南田翁並石穀子」，顧文彬亦題道：「當代大家，石谷南田。石谷畫聖，南田則仙」，都是將惲壽平與王翬並舉。在存世的畫像之外，黃紹箕也有《題惲南田像》詩云：「絕藝同時石谷翁，曾看設色尺綃中。兩家神逸誰高下？多恐吳生是畫工」〔註15〕，也是將惲、王並列，不分伯仲。

　　事實上，由惲壽平與王翬的藝術經歷所引發的「同能」與「獨詣」的話題，在學術界已經引起關注〔註16〕。在傳世作品中，也多見兩人合作之佳構，往往惲壽平寫花卉，而王翬畫山水，成為藝術史上的一段佳話。關於兩人之交誼，早已成為美術史中重要的關注點〔註17〕，但就其在美術史中的地位，很明顯在清代已然被視作兩座重鎮，而畫像中將二者並美的讚譽，正是代表了清代以降學界的認知與認同。書畫鑒定家啟功（1912～2005）說：「藏王畫的人，不但再求惲畫湊成合璧，在王畫上還求惲題，可見這兩位宗師在當時的鑒賞收藏家的心目中具有何等地位！」〔註18〕，這種二人一併受到激賞的狀態在繪畫史上並不多見。在畫像的題跋中，這種現象再次得到印證。

二、贊其詩書畫「三絕」

　　惲壽平的詩書畫被冠以「南田三絕」〔註19〕，雖然就其書法與詩歌的成

〔註14〕惲敬《南田先生家傳》，惲壽平著，呂鳳棠點校《甌香館集·附錄》，372 頁，西泠印社出版社，2012 年。

〔註15〕黃紹箕《題惲南田像》，謝作拳點校《黃紹箕集》卷七，455 頁，中華書局，2018 年。

〔註16〕李維琨《畫史上的「同能」與「獨詣」——從清初王翬與惲壽平之交誼談起》，《中國國家博物館館刊》2014 年第 9 期。

〔註17〕耿晶《暮雲春樹渺愁予——關於王翬、惲壽平交誼的讀解與想像》，《中國美術館》2018 年第 3 期。

〔註18〕啟功《記〈惲、王合璧冊〉》，啟功《啟功叢稿·題跋卷》，227 頁，中華書局，1999 年。

〔註19〕語出《江南通志》，見惲壽平著，呂鳳棠點校《甌香館集·附錄》，367 頁，西泠印社出版社，2012 年。

就而言，很難與其繪畫同日而語，但在清代畫壇，似乎多樂於以此目之。在並稱「詩書畫」三絕的前賢中，前有宋朝的蘇軾（1036～1101）、元代的趙孟頫，近有明代的沈周、文徵明和董其昌等，他們無論是詩，還是書法，或者繪畫，在該領域都佔有一席之地，且多處於核心地位。而惲壽平除繪畫在清代花鳥畫壇執牛耳外，書法史和詩歌史上幾乎難覓其蹤跡。儘管如此，這也並不妨礙時人及後世以「三絕」給予的獎掖。在畫像題跋中，這種讚譽似乎最多。錢葆青稱其「三絕才華八歲成，一門士女二難並」，沈塘亦說：「天生仙骨果何為，三絕才華亦數奇」，夏孫桐也指出：「國初畫家多逸民，南田三絕尤嶙峋」，都將「三絕」與惲壽平緊密相連。在存世的畫像之外，王先謙（1842～1917）在題惲壽平畫像的絕句中也言及其「三絕」：「三絕滎陽自古傳，家貧依樣坐無氈。袁安慣擁蓬門雪，牛戩惟賒酒肆錢」〔註20〕，可見「三絕」在其惲壽平畫像中似乎也成為一個重要標籤。此外，陳寶琛在題跋中寫道：「俟齋鶴澗倘同壽，三絕猶當第一流」，「俟齋」是清初遺民畫家徐枋（1622～1694），以詩文書畫見稱，「鶴澗」為明末畫家張宏（1577～1668 年尚在）〔註21〕，擅畫山水見長。徐枋享壽七十三，張宏年九十二歲尚在，惲壽平享壽五十八。按其詩意，指徐枋如果和張宏一樣的高壽，其「三絕」就能達到「第一流」。此處是在題惲壽平畫像，故應默認惲壽平的「三絕」已達到了「第一流」。

在裘日修和顧文彬的題跋中，雖然沒有明確道明「三絕」，但都提到了惲壽平的詩書畫。裘日修稱其詩「毗陵六逸之冠」，其書「得褚河南神體，遒逸可愛」，其畫「山水、花卉俱為國朝第一」，「山水入大癡之室，秀潤天成。寫生亦徐黃法，賦色之妙，為古今絕藝」。顧文彬題跋中說：「山水董巨，花鳥熙筌。書中黃庭，詩中青蓮」。從其主旨看，應也是認同其「三絕」的。

在其他的跋語中，有專門詠及其詩和畫的，如陳曾望的「詩有仙心畫有神，卻從尺幅認全身」。也有只談及其繪畫的，如端方的「風格原居老瓚先，如何品第到熙筌」，「瓚」指「元四家」之一的倪瓚，以山水著稱，「熙筌」指五代時期的徐熙和黃筌，都是以畫花鳥鳴世，這是贊其畫藝可與其後先媲美。沈塘

〔註20〕王先謙《題名賢畫像十二絕·惲南田》，王先謙《虛受堂詩存》卷十二，清光緒二十八年（1902）蘇氏刻增修本。

〔註21〕朱萬章《張宏藝術創作年表》，《中國書畫》2006 年第 11 期，後收入朱萬章《銷夏與清玩：以書畫鑒藏史為中心》，258～263 頁，浙江大學出版社，2014 年。

的「誰識熙筌粵島外，新篁古石雲西」，也是將惲氏比作「熙筌」。詩畫之外，萬中立在題跋中言其「品誼文章皆足式」，談到人品、交誼（學誼）和文章，這是涉及其畫藝之外的人格魅力。

畫以人傳，人以畫名，正是因為惲壽平以畫藝而堪稱清代花鳥畫壇之翹楚，而關涉其詩歌和書法也為人所重，更由此而使其畫像也為人垂青。從這些題跋中不難看出此點。

三、其人其畫傳播

值得一提的是，諸家題跋中，談到了惲壽平畫藝及其畫像的傳播與影響。

李葆恂在題跋中說：「草衣像每有公手跡則可貴」，「草衣像」即惲壽平像，此處的「公」是指王懿榮。此話至少包含兩層意思，一是在李葆恂和王懿榮所處的晚清時期，惲壽平畫像的流通和交易較為多見；二是王懿榮經常為惲壽平畫像題跋（應不僅限於前述「國博本」《惲南田先生五十四歲小像》）。現存的惲壽平畫像，其時代大多在清代中晚期，這與李葆恂跋語是一致的。

錢葆青的題跋說：「博物流傳重歐亞（法博物院列先生畫一幀），後人品騭躐元明」。錢葆青的題跋書於光緒二十八年（1902），其時在法國的博物院中陳列惲壽平畫作，可知其畫已遠渡重洋，受到西方鑒賞界的關注。這在惲壽平繪畫的傳播和影響中是一個罕見的例證。惲壽平設色鮮豔且形神畢肖的花卉畫具有很強烈的視覺效果，這和西方繪畫中常見的花卉靜物有神似之處。或許正是如此，能得到西人青睞並得以在博物院中陳列。錢葆青的此題不僅為研究惲壽平繪畫的流播提供了珍貴的史料，對於研究晚清時期中西繪畫的交流也有佐證意義。

在李葆恂題跋中還談到：「與世傳《寶惲堂石刻》戴笠像絕相似」，而夏孫桐的題跋也說：「雙忠題字並可珍，請續寶惲鐫貞瑉」。這裡談到的「寶惲堂石刻」和「寶惲」是和清代畫家戴公望相關。戴公望，字又黃，號貞石，官江蘇布政司，工詩擅畫，善寫生，兼工山水，著有《近遊草》。戴公望在不僅繪畫方面「俱學惲南田」〔註22〕，而且對惲氏書畫青眼有加，「酷好南田筆墨，收庋真蹟，題所居為寶惲室」〔註23〕。梁章鉅（1775～1849）曾獲得徐璋所繪的

〔註22〕蔣寶齡《墨林今話》，引自（光緒）重修《嘉善縣志》卷二十四，清光緒十八年（1892年）刊本。

〔註23〕梁章鉅《題徐璋惲南田草衣小像》，載吳企明《惲壽平年譜新編》，惲壽平著，吳企明輯校《惲壽平全集（下）‧附錄》，792頁，人民文學出版社，2015年。

《南田草衣小像》。有趣的是，戴公望的相貌也和徐璋所繪的惲壽平像有神似之處，因而與戴氏交好的梁章鉅便將徐璋的此畫贈之。戴公望遂將其摹勒上石，置諸《寶惲室帖》之首。戴氏所輯之《寶惲室帖》刊刻於道光九年（1829），分為元、亨、利、貞四卷，在民國年間在上海文寶書局有石印本〔註24〕。現在所見的「石刻本」徐璋《南田草衣小像》即來自《寶惲室帖》。

徐璋，字瑤圃，江蘇婁縣人（今上海松江），擅畫山水、花卉和人物。關於其生平事蹟，史載不詳，且互有牴牾。張庚（1685～1760）的《國朝畫徵續錄》稱其「寫真不獨神肖，而筆墨烘染之痕俱化，補圖亦色色可觀，不愧沈韶高弟。遊都門，名甚重，康熙中祗候內廷」〔註25〕，指出是在康熙中祗候內廷，而梁章鉅則稱其「乾隆初以薦直畫院」〔註26〕，而馮金伯（1738～1810）的《國朝畫識》稱其「遍覓縉紳家先代畫像，酷意臨摹遂成傳神名手。乾隆初薦入畫院，期年假歸，名益噪」，並明確指出「謂在康熙中祗候內廷者，誤也」〔註27〕。《國朝院畫錄》也謂其「乾隆中，徐璋，婁縣人」〔註28〕。張庚謂徐璋乃沈韶弟子，沈韶（1606～1681年尚在）〔註29〕，字爾調，華亭（今上海松江）人，為曾鯨（1568～1650）弟子，則徐璋為曾鯨再傳弟子。沈韶有有作於康熙十五年（1676）的《通證禪師像》（南京博物院藏）行世。就徐璋與沈韶的師徒關係及以上文獻記載可推知，徐璋的藝術活動應是在乾隆初或中期。「石刻本」中款識為「戊辰三月吳淞徐璋寫」，鈐白文聯珠印「瑞」、「生」，「戊辰」當為乾隆十三年（1748）。

徐璋傳世作品有作於清雍正八年（1730）的《清溪坐釣圖》卷（首都博物館藏）、九年（1731）的《南林大師像》軸（南京博物院藏）、乾隆十五年（1750）的《李鍇獨樹圖》卷（北京故宮博物院藏）和無年款的《石星源像》卷、《潘是稷卷綸圖像》卷（均藏北京故宮博物院）、《荷花鴛鴦圖》、《嘉樹

〔註24〕惲寶惠《南田石刻考》，常州市武進區文廣新局、常州市武進區檔案局《惲南田書畫研究》，165頁，中國文聯出版社，2012年。

〔註25〕張庚《國朝畫徵續錄》卷上，張庚、劉瑗著，祁晨越點校《國朝畫徵錄》，137頁，浙江人民美術出版社，2011年。

〔註26〕吳企明《惲壽平年譜新編》，惲壽平著，吳企明輯校《惲壽平全集（下）·附錄》，792頁，人民文學出版社，2015年。

〔註27〕馮金伯《國朝畫識》卷十三，清道光刻本。

〔註28〕胡敬《國朝院畫錄》卷下，胡敬撰，劉英點校《胡氏書畫考三種》，221頁，浙江人民美術出版社，2015年。

〔註29〕張彬編著《中國古今書畫家年表》，119頁，文物出版社，2006年。

樓圖》軸（均藏遼寧省博物館）、《松下讀書圖》（首都博物館藏）、《松江邦彥畫冊》（南京博物院藏）、《高鳳翰披褐圖》卷（山東博物館藏）、《海棠白頭圖》軸（遼寧省錦州市博物館藏）及《山水圖》軸（法國賽努奇東方博物館藏）等。從其《松江邦彥畫像冊‧王明時》（南京博物院藏）可看出其受到曾鯨一路「波臣畫派」一脈相承的風格。而其「石刻本」《南田草衣像》雖為摹勒上石，已經下真蹟一等，但大抵仍可見其流暢的線條及刻畫傳神的藝術技巧。

第四節　惲壽平畫像的不同式樣

　　現存的惲壽平畫像均作於清代。「謝谷本」《惲壽平像》所繪為惲壽平向左側身的大半身像，頭戴斗笠，身穿長衫，右手攏於袖內，右手置於胸前。畫中，惲壽平面容清瘦，顴骨微凸，雙目有神，鬚髯飄逸，略含微笑，似有堅毅豁達之神，應時良題跋稱「戴笠袖手杖不倚，半身下不露襪履。一般神采如未死，略覺老蒼較勝彼」，便是對此像的最好概括。與此戴笠像相近的是「歐源本」《惲南田逸士小像》和「李岳雲本」的《摹惲壽平像》。前者為全身像，畫中惲壽平露出長衫的下擺，穿著一雙淺紅布鞋。其面容、斗笠、長衫、手勢及站姿等均與「謝谷本」相似，惟有用色較為厚重，鬚髯較為濃墨，且眼睛略大，雙唇緊閉，無微笑神態。後者為半身像，亦頭戴斗笠，但頭部略往上抬，面色紅潤，鬚髯濃密，其造型亦與「謝谷本」相類。從三件畫像的姿態及面容、服飾和手勢等方面看，應出自同一個底本。據「李岳雲本」《摹惲壽平像》記載，此像臨摹自禹之鼎（1647～1716）。禹之鼎是清初人物畫家，曾為姜宸英（1628～1699）、王翬、王士禎（1634～1711）、宋犖、王原祁、高士奇（1645～1703）、張純修（1647～1706）、翁嵩年（1647～1728）、孔毓圻（1657～1723）等多位名人畫像，深得時譽。他與惲壽平為同時代人，比惲氏小十四歲，與惲壽平曾一起合作畫過《十二研齋圖》卷和《汪懋麟像》卷（均藏北京故宮博物院），故他應是見過惲壽平或直接對其本人寫真，因而其畫像應該是最為接近惲壽平本人的。「石刻本」《南田草衣小像》中的惲壽平造型也和以上三件作品相類，惟有惲氏的嘴微張，呈現微笑狀態。以上四件作品都是直接或間接源自於禹之鼎，不妨將其定為「戴笠像」。

　　「國博本」《惲南田先生五十四歲小像》也為半身站姿像，與前述四畫

一樣，此畫也為向左的側身像，畫中惲壽平亦為清瘦型，臉頰略長，顴骨微凸。但與四畫不同的是，此畫未戴斗笠，頭頂略禿，右手攏於袖內且朝下，左手持畫卷。服飾的衣紋線條簡潔流暢，賦色淡雅。此畫可將其定為「持畫像」。

「葉衍蘭甲本」和「葉衍蘭乙本」都為諸多畫像中的一頁，均為全身坐姿像。所繪惲壽平禿頭，身穿對襟夏衫，腳蹬淺黑色布鞋，雙腳交叉，向左側身而坐在籐椅上，右手放在籐椅的扶手上，左手握羽扇倚靠在扶手略往下垂。畫中的惲壽平清臞且矍鑠，神采奕奕。兩本的區別在於，「葉衍蘭甲本」中惲壽平繫有一條淺藍色腰帶，在羽扇的扇柄處亦有一條打著蝴蝶結的藍色絲帶垂下，而「葉衍蘭乙本」則無。在人物的造型方面，「葉衍蘭甲本」的惲壽平頭向前傾，略帶微笑，面色白皙，頭部禿頂，僅後腦勺依稀可見疏落的頭髮。「葉衍蘭乙本」的惲壽平頭向上微抬，作沉思狀，面色紅潤，頭部雖然也禿頂，但後腦勺附近的頭髮略濃密。可見即便是同一畫家繪製的同一人，其藝術造型也不完全一樣。此兩畫可定為「坐姿像」。

「上博本」和「津博本」《南田草衣小像》也均為半身像，禿頭，右手攏於袖中下垂，左手拈鬚。兩畫的不同處在於，「上博本」為惲壽平與王翬的合像，均為設色，惲壽平面容清瘦而紅潤，完全向左側身，左手微舉，作拈鬍鬚狀；「津博本」為墨筆，向左微側，面容清瘦，左手向上，已經接近鬍鬚。雖然兩畫略有不同，但出自同一個母本是必然的了。而「線刻本」《南田草衣小像》的造型與此兩畫相似，尤其更接近「津博本」，故其底本應源自顧雲樓摹本或與顧雲樓摹本為同一母本。此三畫可定為「拈鬚像」。

惲壽平的畫像從式樣看，大致可分為「戴笠像」、「持畫像」、「坐姿像」和「拈鬚像」四種類型。無論何種式樣，畫中惲壽平的形象都是大致相近，都是面頰略長，清瘦，是其晚年形象。有趣的是，不論是站姿，還是坐姿，也不論是半身，還是整身，惲壽平都是向左側身，且諸畫間面容的相似度極高。故就其繪畫的底本看，應都是源自禹之鼎或與禹之鼎母本相近的版本。

王懿榮在題跋中稱「舊藏禹鴻臚臨董文敏小像，與先生此像絕相似」，「禹鴻臚」即禹之鼎，「董文敏」即董其昌。禹之鼎所繪董其昌像現在已未見流傳，就時人曾鯨和項聖謨（1597～1658）所繪《董其昌小像》（上海博物館藏）看，兩人都屬清瘦型，顴骨略凸，但惲壽平臉略修長，下顎豐滿，而董其昌臉呈「V」字形，下顎瘦削。從五官構成及面容看，兩人應有很大的相異處，但就神采看，

其身材均瘦小，清瘦但不乏堅毅，頗有道骨仙風之態。與傳世諸多董其昌形象不同的，惲壽平諸畫像幾乎都是一個母本，故無論何種式樣，其形象都是萬變不離其宗，而董其昌畫像的情況則不一樣，除了源自時人所繪的底本外，在清代出現諸多異形象，和董氏本尊相去甚遠，這反映出兩個畫壇巨擘的形象在清代傳播的不同狀態。清人對惲壽平的相貌也有相應的文字描述。顧祖禹在《甌香館集序》中稱其「言貌恂恂，與人接，恒簡靜不發一語」〔註30〕，指其溫和恭敬，屬沉穩與內斂型。沈受宏（1645～1722）在其《贈毗陵惲正叔一百韻》中說：「昨從徐郎坐，與我識面初。豐神見秀淡，白晳微有鬚」〔註31〕，謂其「豐神」且面有「微鬚」，惲鶴生在《南田先生家傳》中也說：「翁生而敏慧，眉目秀朗」〔註32〕，則稱其「眉目秀朗」。在諸家所繪不同版本的惲壽平畫像中，都可得到不同程度的印證。

　　惲壽平的繪畫在清初以來一直受到收藏界的持續追捧。因為其畫的存世量有限，而各個時期激賞其畫者不減，故其畫往往贗品不斷，在惲壽平所處的時代這種狀況就已出現，以致於同時期的鑒藏家宋犖曾說：「南田畫，吾暗中摸索能辨之。世多贗作，其至處必不可贗」〔註33〕，雖然宋犖所言或有自詡之意，但從側面亦可見出惲壽平畫作出現眾多贗品的真實情況。在真品不易求且畫價居高不下的前提下，作為惲壽平的追捧者，購藏並懸掛由並不知名的職業畫家所繪製的惲壽平畫像也就成為一個不錯的選項。晚清詩人袁昶（1846～1900）在其日記中記載：「心箬以手模董香光、陸放翁、亭林先生、查初白、陸三魚、惲南田六像見示，風致野逸，使人慾棄百事而從之遊，屬我題句，則我終日休於塵勞，恐未能也」〔註34〕，可知在晚清時期有摹繪前賢畫像的風氣，而惲壽平畫像與董其昌、陸游、顧炎武、查慎行等人並列，他以布衣畫家身份而為人推崇，是乃人以畫重，這從一側面可管窺其繪畫的傳播力度及其為人厚愛的程度了。

〔註30〕顧祖禹《甌香館集序》，惲壽平著，呂鳳棠點校《甌香館集·附錄》，370頁，西泠印社出版社，2012年。

〔註31〕沈受宏《白漊集》卷三，引自惲壽平著，吳企明輯校《惲壽平全集（下）·附錄》，792頁，人民文學出版社，2015年。

〔註32〕惲鶴生南田先生家傳》，惲壽平著，呂鳳棠點校《甌香館集·附錄》，373頁，西泠印社出版社，2012年。

〔註33〕惲敬《南田先生家傳》，惲壽平著，呂鳳棠點校《甌香館集·附錄》，372頁，西泠印社出版社，2012年。

〔註34〕袁昶《毗邪台山散人日記》，49頁，民國間鈔本。

第五節　葉衍蘭摹繪《惲珠像》

惲珠為畫家惲壽平（1633～1690）族孫女，惲毓秀（1732～1800）女，畫家惲冰姪女，是有清一代有名的女學者和書畫家，著有《紅香館詩草》，編撰有《蘭閨實錄》、《國朝閨秀正始集》等。關於其在藝術及詩文方面的成就，筆者已有專文論及〔註35〕，現在則主要談談其畫像。

惲珠的畫像係晚清學者兼書畫家葉衍蘭所摹繪的《歷代文苑畫像》（中國國家博物館藏）中的一頁。葉衍蘭摹繪的《清代學者像傳（第一集）》（中國國家博物館藏）曾多次梓行，在學界影響甚巨，但其《歷代畫苑像傳》則鮮為人知。其《歷代畫苑像傳》之體例一如《清代學者像傳》，均右側為畫像，對開為小楷書小傳，所選對象是以魏晉以來直至清代的文人畫像，且並不限於男性文人（《清代學者像傳》悉為男性學者），故惲珠名列其中。

《惲珠像》畫心並無題識，對開有小楷書惲珠小傳。從面容看，葉衍蘭所繪惲珠當為其晚年肖像。惲珠雙腿盤坐於籐椅上，手捧紅色花紋圖案裝飾的書匣，儀態端莊。惲珠一生除詩文書畫知著外，其最為人稱道者一是編纂閨閣列傳和閨秀詩文集，一是母教。

惲珠因傚仿《列女傳》而博採史志編纂《蘭閨實錄》，又選編當朝女士之作為《國朝閨秀正始集》，所選標準「以性情貞淑，音律和雅為最」〔註36〕。二書被譽為「閨中之文獻」〔註37〕，在清代獲得廣泛的讚譽，惲珠亦因此而被稱為「一代閨秀文化的典範」〔註38〕。正因如此，畫中的惲珠手持書函，便是其一生業績的象徵。葉衍蘭在抄錄的小傳中亦述錄其選編閨秀著作之功，所以正是巧妙地抓住閨閣中罕見的名山事業，將其以書函的形式出現在畫中，以見其對惲珠行跡的深刻解讀與詮釋。惲珠在文字之功外，另一突出形象便是「慈祥樂善」〔註39〕，母儀天下。她教子有方，「世所稱賢母，能以詩書教子也」〔註40〕，其子麟慶能獲得在仕途的暢達且建功立業是與其母教分不開的。麟慶

〔註35〕朱萬章《惲壽平的家族傳人考》，《中國國家博物館館刊》2011 年第 7 期。

〔註36〕施淑儀輯《清代閨閣詩人徵略》卷七，387 頁，上海書店，1987 年。

〔註37〕施淑儀輯《清代閨閣詩人徵略》卷七，384 頁，上海書店，1987 年。

〔註38〕矗欣晗《滿清文化融合的使者、閨秀文化發展的領袖——惲珠》，《貴州文史叢刊》2009 年第 2 期。

〔註39〕施淑儀輯《清代閨閣詩人徵略》卷七，384 頁，上海書店，1987 年。

〔註40〕宗稷辰《前江南河道總督完顏公墓誌銘》，繆荃孫纂錄《續碑傳集》卷三十三，《清代碑傳全集（下）》，969 頁，上海古籍出版社，1987 年。

於嘉慶十四年（1809）中進士後，惲珠有「科名雖並春風發，心性須如秋水平」勉勵之。而當麟慶官至內閣中書時，惲珠則繪《紫薇夜月》便面贈之，並題有詩「金帖傳名，青錢入選。薇省森嚴，鳳池清淺。夙夜勿怠，匪躬蹇蹇。叨列清班，勉躋通顯」，給予諄諄教誨。麟慶在為官中，「所至輒著循聲，皆秉慈訓也」〔註41〕，無疑都得益於其母的垂範與言傳身教。時人但明倫（1782～1855）稱麟慶「鯉庭受訓，鳳藻呈才」〔註42〕，即是指此。畫中的惲珠，臉頰修長，臉微胖而顯富態，雙耳帶環，雙目清澈有神。在畫像中，作者將惲珠的溫婉、敦厚、典雅與賢淑等詩書人家的「母儀」盡現筆下。

惲珠的畫像並不多見，葉衍蘭摹繪之像是目前所見傳世的唯一畫像。在以惲壽平為中心的惲氏家族中，女性藝術家不乏其人，如惲冰、惲蘭溪、惲懷娥、惲懷英、惲玉、毛周（惲冰孫女）、惲珠、惲璠和惲恒等，有近十數個閨閣畫家，惲珠是唯一有畫像行世的惲氏閨閣畫家。與僅此一件的惲珠畫象形成強烈反差的是，其子麟慶的畫像卻多達十數件之多。

第六節　諸本麟慶小像

麟慶（1791～1846），字伯余，別字振祥，號見亭，滿洲鑲黃旗人，是惲冰與泰安知府完顏廷璐所生之子。麟慶是清代在位時間較長的江南河道總督，治河有方，雖然由於河道的歷史癥結等諸多原因，他最終並未根本解決河道泛濫的問題，但以近十年的河道總督生涯而編撰的《黃運河口古今圖說》和《河工器具圖說》等水利論著，卻成為治河名著，嘉惠後世尤多〔註43〕。在治河之外，麟慶尚有《鴻雪因緣圖記》和《凝香室集》等行世。

麟慶的畫像，大致可分為兩類，一類為《鴻雪因緣圖記》所繪肖像；一類為其他行樂圖中的肖像。

《鴻雪因緣圖記》為麟慶的行跡圖，尤以宦跡圖為主，分初集、二集和三集，每集四冊，凡十二冊，每冊二十開，累計二百四十開。初集繪麟慶自幼年至四十歲生活；二集繪四十五歲至五十歲生活；三集繪五十歲至五十五

〔註41〕施淑儀輯《清代閨閣詩人徵略》卷七，383～384 頁，上海書店，1987 年。

〔註42〕但明倫《鴻雪因緣圖記三冊序》，麟慶著文，汪春泉等繪圖《鴻雪因緣圖記（第三集）》，1 頁，北京古籍出版社，1982 年。

〔註43〕崔建利《江南河道總督麟慶考論》，《淮陰工學院學報》2010 年第 19 卷第 4期。

歲生活〔註44〕。《鴻雪因緣圖記》原繪本於 1959 年由中國歷史博物館（即今之中國國家博物館）購藏（以下簡稱「國博繪本」），該繪本曾于麟慶棄養之後的第四年即道光二十九年（1849）刊刻印行（以下簡稱「道光刻本」），在 1982 年由北京古籍出版社付梓，近年國家圖書館出版社、北京出版社和浙江人民美術出版社等亦有印本刊行。現在所見，大多為「道光刻本」。《鴻雪因緣圖記》每集前繪有麟慶小像，並由其題寫自贊，故其獨立畫像便有三件。

「國博繪本」初集畫像由麟慶弟子汪英福繪製，所繪麟慶為半身像。麟慶身穿淺藍色長衫，左手執拂塵，放置於胸前，右手攏於袖內垂下。麟慶微胖，面帶微笑，憨態可掬。作者在畫心左下側題識曰：「受業汪英福恭繪」，鈐朱文連珠印「英」和「福」。麟慶在對開以篆書題自贊於烏絲欄箋紙上：「知者樂水，仁者樂山。一動一靜，天趣相關。蠢哉斯人，真身其閒。維君恩與，祖德故年。憨山水之緣。見亭麟慶自題」，鈐白文長方印「凝香室主人」、朱文方印「麟慶」和白文方印「臣年十九成進士」。汪英福（1783～？），字春泉，號西園，江西彭城人，擅畫山水、花鳥和人物，有《藝菊續圖》（山西省運城市河東博物館藏）和《待渡圖》摺扇面（南京市博物館藏）行世。「道光刻本」中此像為線描，勾勒出人物衣紋及臉部輪廓，大抵能得其形似，但原圖中麟慶微笑中略帶憨足之態的神情未能畢肖。作者的款識也移到右下側，且印章變為陽文長方印「春泉」。

「國博繪本」二集畫像由胡駿聲繪製，所繪麟慶為半身像。麟慶身穿褐黃色便服，腰繫藍色腰帶，左側懸有一疑似玉墜的配飾，左手執如意放置於左肩一側，右手攏於袖內垂下。此圖的麟慶鬚髯飄逸，面帶微笑。與前圖相比，臉頰略長。作者在畫心左下側題識曰：「苣香胡駿聲寫」，鈐白文方印「駿聲」和朱文方印「苣香」。麟慶在對開以隸書題寫自贊：「江河富水，黔楚富山。撫黔督江，領此崇銜。慚奉職之無狀，藉宦遊以紀年。惟屢承福壽之賜，故又邀山水之緣。庚子秋九，見亭麟慶自題」，鈐白文方印「鴻雪因緣圖記」。「庚子」為道光二十年（1840），時年麟慶五十歲。胡駿聲（1789～1861 年仍在）〔註45〕，字苣香，江蘇常熟人，是清代嘉道時期活躍於江南地區有名的職業肖像畫家，兼擅寫松，有《慶祥四時樂圖像》冊（北京故宮博物院藏）、《小青圖》冊、《吳中七老圖》（均藏南京博物院）、《荷靜納涼圖》卷、《子梅六舟小像》卷（均藏山東博物館）、《彭芍亭小像》橫幅（金原補圖）、《潘遵祁三十四歲小像》軸（均

〔註44〕徐小蕾《鴻雪因緣圖冊中的半畝園》，《收藏家》2022 年第 6 期。

〔註45〕李軍《胡駿聲祖孫的生平與肖像畫創作考辨》，《藝術工作》2020 年第 3 期。

藏蘇州博物館）和《吳郡真率會圖》（與任薰合作，蘇州市檔案館藏）等行世。
「道光刻本」中此像為線描，鬚髯較原畫濃密，在下嘴唇處尤其如此。畫上多
一行篆書「見亭先生五十歲小像」，且款識移至右下側，款印略有變化。款識為：
「胡駿聲繪」，鈐陽文長方印「芑香」。在芷蘭齋藏彩繪本《鴻雪因緣圖記》中，
麟慶畫像的衣服與面部變成淺黃色，應是在線描本的基礎上賦色。在畫像對開，
有象山了璞題寫畫贊：「一見公容，目擊道存。督河見智，撫黔以仁。卅載宦遊，
觸處風淳。養乾坤之浩氣，得山水之精神。持如意以指揮，聞緒論而絕倫，人
皆比曰韓范，真有光乎斯文」，鈐陽文方印「了璞之印」。

　　「國博繪本」三集畫像由賀世魁繪製，所繪麟慶為半身像。麟慶身穿黃色
官袍，外披深紅色披風，腰繫藍褐色腰帶，右側懸有一物疑似令牌，左側佩劍，
左手按住劍柄，右手撚鬚。麟慶仍為面帶微笑，慈眉善目。作者題識曰：「內廷
如意館六品供奉賀世魁恭繪」，鈐朱文方印「臣賀世魁」和「內廷供奉」。麟慶
在對開以行書題寫自贊：「最大海水，最好家山。持節防堵，著屐遊觀。撫三尺
劍以寄志，披一品衣而息肩」，鈐朱文方印「見亭」和白文方印「半畝園主」。
賀世魁為清代宮廷畫家，字煥文，順天大興人（今屬北京），擅畫人物，相傳在
北京前門附近的廊坊頭條胡同的誠一齋畫鋪中的人物區即是其所繪〔註46〕，有
《松涼夏健圖》和《喜溢秋庭圖》（均藏北京故宮博物院）行世〔註47〕。「道光
刻本」中此像為線描，但與前述兩集線描本不同的是，該圖的造型與原圖略有
不同。原圖的麟慶為正面，而「道光刻本」則朝向畫心右側，且右手撚鬚僅在
側面，而原畫則是在正前側。衣冠亦有所不同，「道光刻本」未繫腰帶，令牌置
於前側。麟慶戴了官帽，帽沿插著翎毛。看得出來，刻本並未忠實於原作。在
刻本的上側，亦多出一行篆書題字：「見亭先生五十三歲小象」，題識也略有不
同：「賀世魁恭繪」，印章中第一方印與原作不同，為白文方印「賀世魁印」。

　　在《鴻雪因緣圖記》三集中，除三張獨立的畫像外，在麟慶的行跡中仍然
可見類似於行樂圖一樣的肖像畫，有的是與人對弈，有的在課讀，也有的在拜
祭及清談等，幾乎囊括了人生旅程的各類圖像。這類以自傳體繪製圖像的形式
在明清兩代的官員中較為多見。在中國國家博物館藏品中，便有《王瓊恩榮次
第圖冊》（一說像主為叢蘭）和《李鴻章事蹟圖冊》等，分別代表了明清兩代
不同的宦跡紀遊圖像。在諸多宦跡及紀遊圖冊中，麟慶的《鴻雪因緣圖記》無

〔註46〕李虹若《都市叢載》卷六，清光緒刊本。
〔註47〕李湜《〈喜溢秋庭圖〉考》，《故宮博物院院刊》2017 年第 6 期總第 194 期。

疑是最為詳備、題材最為豐富且梓行最夥、影響最為廣泛者。

三件來源於《鴻雪因緣圖記》的麟慶小像，「道光刻本」是對「國博繪本」翻刻和描摹。通常來說，具有版畫性質的線描圖像是對原畫的忠實翻刻和描摹，但從麟慶的畫像來看，實則已經相去甚遠。不僅人物的賦色、筆法以及精氣神與原畫反差甚大，即便是造型與構圖也有諸多相異之處，故我們在討論線描本的肖像畫時，實際上已經不能真實反映原作者的繪畫水準了，真正折射的是刻工精細或粗糙的技術水平。在研究歷代肖像畫時，原作的參照至為重要。在既往討論肖像畫的發展與演變中，很難找到原作和線描畫相對應的個案，麟慶的《鴻雪因緣圖記》中繪本與刻本的完整呈現，便為肖像畫的研究與討論提供了極佳的參考範例。從圖像的嬗變與傳移模寫來講，兩種版本的《鴻雪因緣圖記》在學術史上的地位舉足輕重。因為《鴻雪因緣圖記》的繪本極為罕覯，故很少有人關注此點。

在《鴻雪因緣圖記》之外，麟慶的肖像還出現在其他的行樂圖中。就現在所蒐集的資料表明，此類行樂圖至少有三件，分別為《行樂圖冊》（中國國家博物館藏，以下簡稱「國博本」）、《行樂圖》卷（首都博物館藏，以下簡稱「首博本」）和《海嶽日雲圖》卷（北京故宮博物院藏，以下簡稱「故宮本」）。

「國博本」《行樂圖》為冊頁，畫心一頁，題跋兩頁。圖中所繪為身穿便服的麟慶閒坐於山坡邊的柳樹下，左手持書放在膝上，右手扶靠在地上的書函上，目視前方，若有所思。麟慶絡腮飄髯，容光煥發。右前側一書童手捧香爐侍立恭候。在其後側，桃花盛開，草長鶯飛，一派春和景明的景象。畫心並無任何題識，在其右下側鈐有朱文葫蘆印「錢靖波」，應為鑒藏印。在畫心之後的第二頁，為管學潮題跋：「櫛沐辛勤著，宣防德業昌。大名齊靳白，順軌漳淮黃。導水先排泗，籌邊免跳樑。功成矜伐泯，鴻雪記行藏。南國歌清晏，東山暫息肩。畫船春水調，紅雨杏花鮮。臥轍群情切，攀轅眾志堅。慈雲留不得，惆悵暮春天。兩世叨恩久，微才荷寵榮。慚無流水技，空有望雲情。龍綍應重錫，蜺旌盼再迎。繪圖三拜祝，福祿共長生。恭送見亭太老夫子大人入都，敬請誨正。門下晚學生管學潮百拜呈稿」，鈐白文方印「管學潮」和朱文方印「心韓」。從「繪圖三拜祝，福祿共長生」句可知，此畫當為管學潮繪製。管學潮的生平事蹟不詳，僅知其乃麟慶弟子。題跋第二頁則為麟慶曾孫王佐賢書於 1957 年，稱該圖於 1956 年購於市肆。此圖後由王佐賢捐予中國歷史博物館（今中國國家博物館）。

「首博本」《行樂圖》無款識、印鑒，但畫中所繪主人公與前述麟慶畫像一致，已有論者指出圖中描繪的是淮安清江浦清晏園，是麟慶任職江南河道總

督期間一家人園居的情景〔註48〕。畫中的麟慶，身著褐黃色便服端坐於小亭中，右肘倚靠著木幾，左手作撚鬚狀。左側站立其子與其女。在小亭後側，一書童正在洗硯。小亭前側，但見仙鶴覓食，孔雀開屏，兩隻小鹿在溪流對岸飲水。庭院中，雕樑畫棟，曲徑通幽。此類畫像屬典型的行樂圖模式，以像主為中心，烘托各類景致，將畫像主人置於優雅而富有詩意的空間，以突出像主典雅的文人情懷。畫中的麟慶，與前述「國博繪本」第二集中胡駿聲所繪麟慶像相近，故當係其盛年之像。

　　「故宮本」的全稱是《海嶽雲日圖》卷，由胡駿聲畫像、錢杜（1764～1845）補景。圖中所繪麟慶為整身像。他身穿淺藍色長衫站在泰山之巔，眺望雲海日出。和其他畫像不同的是，此畫中的麟慶只在畫面中占不到十分之一的位置，泰山的雲煙、山石、房舍和松樹等佔據了畫面的主要部分。很顯然，作者是要突出麟慶「會當凌絕頂，一覽眾山小」的氣勢。正如潘世恩（1769～1854）在題跋中所言：「五夜海中觀日出，千尋嶽頂看雲鋪。壯懷始覺人寰隘，奇景原為天下無。憶昔歸軺曾駐此，未窮絕壑每慚吾。今朝眼界因君拓，何異凌虛身與俱」，一種人與景融為一體的登岱氣概躍然筆下。此類登岱圖在清代並不鮮見，其他如羅聘（1733～1799）的《鄧石如登岱圖》軸（北京故宮博物院藏）、《登岱圖》卷（廣東省博物館藏）和華喦（1682～1756）的《泰岱雲海圖》軸（常州市博物館藏）等均是如此。在畫中，泰山的雄偉與縹緲的雲海盡收眼底，人與自然的和諧得到生動體現。

　　「國博本」並無明確的繪圖發生地，而「首博本」和「故宮本」的地點則清晰明瞭。無論何種情況，麟慶的三件行樂圖均是《鴻雪因緣圖記》的延伸與補充。麟慶的《鴻雪因緣圖記》和其他行樂圖，都是具有紀實性的圖像，集藝術、文獻與故實等功能於一體，以圖證史，不僅于麟慶本人的政績與行藏多所闡幽發微，對於研究清代嘉道時期的河道治理、風土人情、人物肖像、民風變革以及政治與文化背景等均有所裨益。從其《鴻雪因緣圖記》及其他行樂圖可知，麟慶是一個善於以繪圖形式記錄其行跡者。事實上，麟慶自己亦擅以圖繪的形式著書立說，如其「因自前明至今，考其沿革損益，繪為十圖，圖係以說」〔註49〕而成的《黃河河口古今圖說》，再如其「繪圖以尚其

〔註48〕鄭好《麟慶行樂圖小考》，《收藏家》2022年第6期。
〔註49〕麟慶《河口圖說序》，麟慶撰，王耀編著《〈黃河河口古今圖說〉圖注》，2頁，
　　　　中國社會科學出版社，2018年。

象，立說以推其原」〔註50〕的《河工器具圖說》等，圖文並茂，深入淺出，都是奠定其一生業績的扛鼎之作。麟慶的這種以圖繪形式著述及記錄行跡的方式，或許受惠於母親惲氏家族以詩畫世家的傳統。以惲壽平為學脈的惲氏藝術家族，在嘉道時期仍然開枝散葉，在母系外姓的麟慶身上得到曲折反映。

圖1　清·謝谷《惲壽平像》，絹本設色，66.3×
24.2 釐米，北京故宮博物院藏

〔註50〕麟慶《河工器具圖說序》，完顏麟慶等著《河工器具圖說（外一種）》，5頁，
　　　　浙江人民美術出版社，2015年。

圖 2　清・歐源《惲南田逸士小像》，紙本設色，
　　　中國國家博物館藏

圖3　清・濮壽同《惲南田先生五十四歲小像》，紙本
設色，73.4×44 釐米，中國國家博物館藏

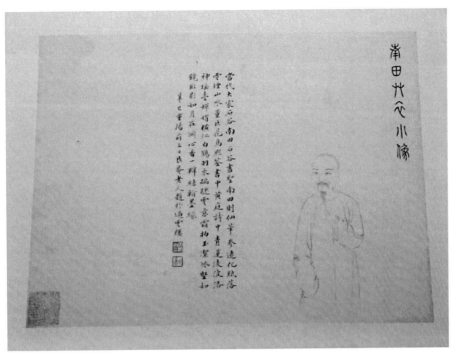

圖4　清·佚名《南田草衣小像》，紙本設色，天津博物館藏

圖5　過雲樓摹《南田草衣耕煙散人遺像》，紙本設色，26.8×35.3釐米，上海博物館藏

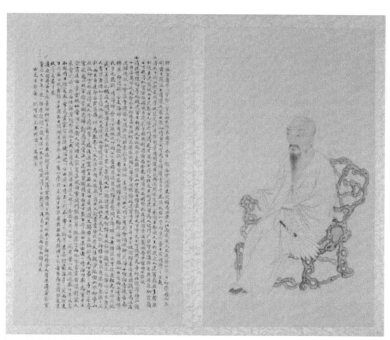

圖 6　清・葉衍蘭《清代學者象傳・惲壽平》，紙本設色，29.9×15 釐米，中國
　　　國家博物館藏

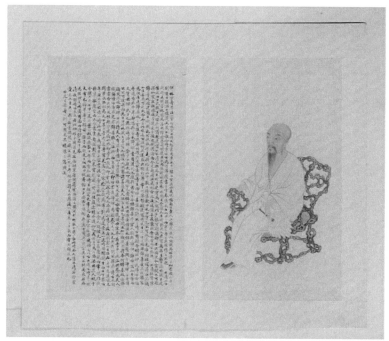

圖 7　清・葉衍蘭摹繪《歷代文苑像傳・惲壽平像》，紙本設色，29.9×15 釐
　　　米，中國國家博物館藏

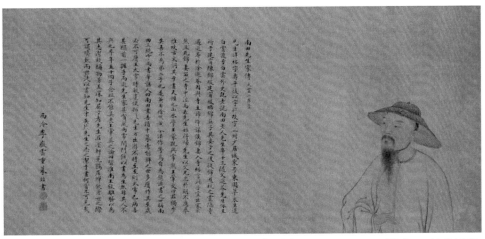

圖 8　清・李岳雲《摹惲壽平像》卷，紙本設色，24.7×52.7 釐米，南京博物院藏

圖 9　徐璋《南田草衣小像》石刻像

圖10　清‧徐璋《松江邦彥畫像冊‧王明時》，紙本設色，29.3×31.8 釐米，
南京博物院藏

圖11　佚名「線刻本」《南田草衣小像》，選自《惲南田文集》

圖 12　明‧曾鯨、項聖謨《董其昌小像》，絹本設色，53.4×30.6 釐米，上海
　　　博物館藏

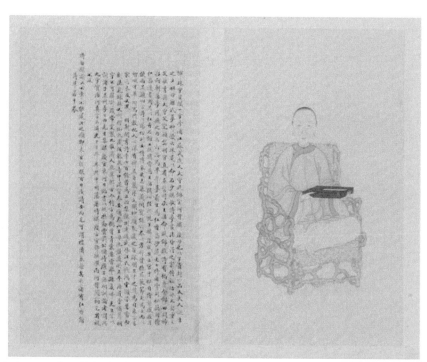

圖 13　清‧葉衍蘭摹繪《惲珠像》，紙本設色，29.9×15 釐米，中國國家博物館藏

圖 14-1　清‧汪英福《麟慶像》，紙本設色，中國國家博物館藏

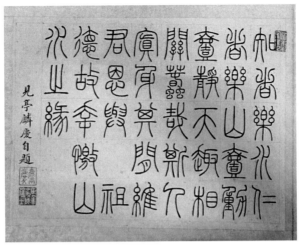

圖 14-2　麟慶自題汪英福《麟慶像》，紙本，中國國家博物館藏

圖 14-3　清・汪英福《麟慶像》，選自《鴻雪因緣圖記》刻本

芑香胡駿聲寫

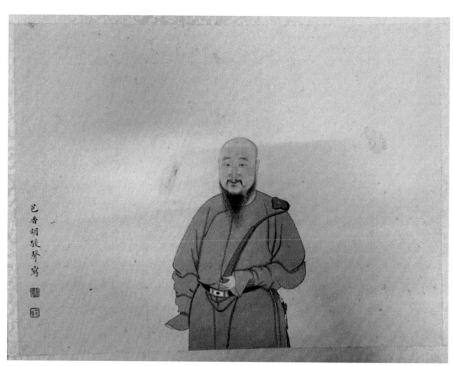

圖 15-1　清・胡駿聲《麟慶像》，紙本設色，中國國家博物館藏

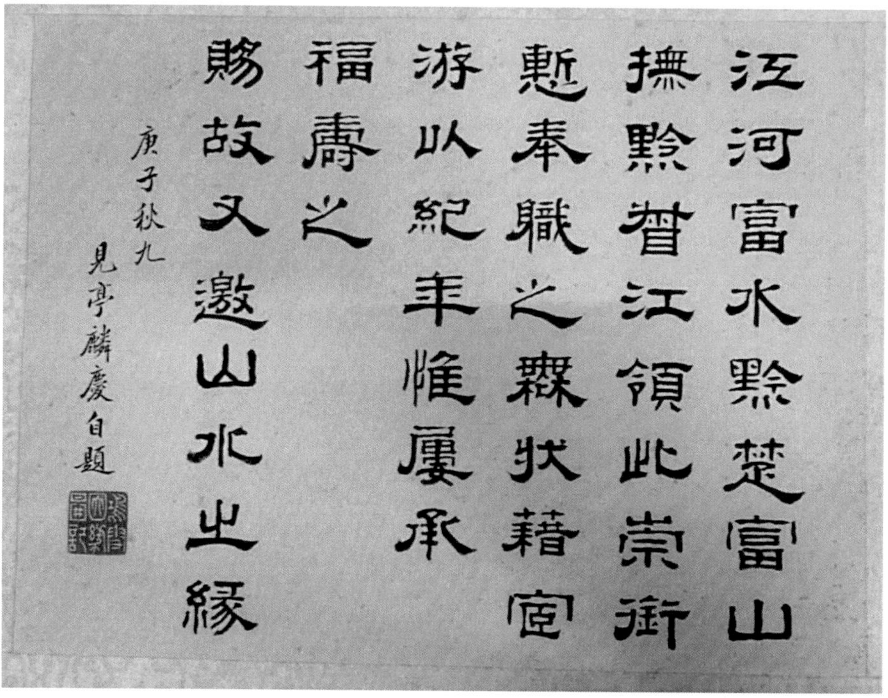
江河富水黔楚富山
撫黔督江領此崇銜
尟奉職之靡狀藉宦
游以紀年惟屢承
福壽之
賜故又邀山水之緣
庚子秋九
見亭麟慶自題

圖 15-2　麟慶自題胡駿聲《麟慶像》，紙本，中國國家博物館藏

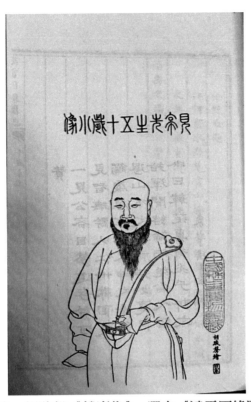

圖 15-3　清‧胡駿聲《麟慶像》，選自《鴻雪因緣圖記》刻本

圖 15-4　清‧胡駿聲《麟慶像》，選自芷蘭齋藏《鴻雪因緣圖記》彩繪本

圖 16-1　清‧賀世魁《麟慶像》，紙本設色，中國國家博物館藏

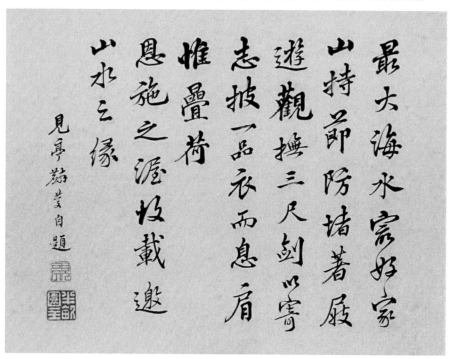

圖 16-2　麟慶自題賀世魁《麟慶像》，紙本，中國國家博物館藏

圖 16-3 清‧賀世魁《麟慶像》，選自《鴻雪因緣圖記》，道光二十九年刻本

圖 17 清‧麟慶等《鴻雪因緣圖冊》之《嫏嬛藏書》，紙本設色，中國
國家博物館藏

圖18　清‧佚名《麟慶行樂圖冊》，紙本設色，30×48釐米，中國國家博物館藏

圖19　清‧佚名《麟慶行樂圖》卷，紙本設色，首都博物館藏

圖20　清‧胡駿聲、錢杜《海嶽雲日圖》卷，紙本設色，北京故宮博物院藏

結　語

　　對於文化世家的定義，近代著名學者薛鳳昌（1876～1944）在《吳江葉氏
詩錄・序》中說：「一世其官，二世其科，三世其學」〔註1〕。對於常州惲氏藝
術家族來說，其發展可分為兩個階段：一是從明代正德、嘉靖年間到天啟、崇
禎年間的一百餘年，是惲氏家族的前期，基本上是「世其官」和「世其科」的
世家模式，以詩禮傳家。這一階段，惲氏家族和其他文化學、人類學上所言之
中國傳統家族模式並無明顯的不同；二是清代順治、康熙年間到同治、光緒年
間的二百多年，是惲氏家族發展的後期，基本上是「世其學」的世家模式，以
藝術傳家，畫風承傳有序。兩個階段都產生了家族文化的佼佼者，其中尤以第
二階段所產生的以惲壽平為中心的藝術家族最受人關注，在歷史上影響也最
大。

　　惲氏家族的形成，是和常州地區所具有的深厚文化底蘊分不開的。早在魏
晉南北朝時期，大批士人南下常州，成為齊梁文化之淵藪。《南史》這樣記載
當時的盛況：「自中原沸騰，五馬南渡，綴文之士，無乏於時，降及梁朝，其
流彌甚，蓋由時主儒雅，學好文章，故才秀之士，煥乎俱集」〔註2〕，自此，
常州人文薈萃，名家雲集。到明清兩代，無論詩詞、學術還是書畫，都達到鼎
盛時期，同時產生了一批重要的藝術家族。這批藝術家族中，除惲壽平家族外，
尚有以莊存、莊永男為代表的莊氏家族、以畢涵、畢簡為代表的畢氏家族、以
湯貽汾、湯世澍為代表的湯氏家族⋯⋯等等。顯然，無論從延續的時間，還是

〔註1〕　薛鳳昌《吳江葉氏詩錄・序》，轉引自凌郁之《蘇州文化世家與清代文學》，20
　　　　頁，齊魯書社，2008年。
〔註2〕　李延壽《南史》卷七二，轉引自葉鵬飛《常州畫派研究》，4頁。

藝術成就，或者是在歷史上的影響，這些家族都無法與惲氏家族相提並論。

清初著名詩人、學者朱彝尊（1629～1709）說：「大抵為學必有師承，而家學之濡染為尤易成就」〔註3〕，在惲氏藝術家族中，我們看到這種「濡染」所產生的巨大效應。在現代西方美術教育體系引入中國之前，中國的美術教育基本上依靠家族式的私相傳授。私塾教育、父子相傳、兄弟相習、夫妻授受、姊妹相因甚至祖孫傳授等等形式，是惲氏家族藝術傳承的重要模式。這種模式又通過姻親網絡、交遊、仕宦等形式擴展，呈輻射狀影響到周邊地區。這種模式，同時也是近千年來中國藝術教育的主要模式。透過惲氏家族的考查，可以見微知著，瞭解一部中國藝術傳播與傳承的歷史。

另一方面，在「家南田而戶正叔」的畫風籠罩下，在惲壽平強盛的陰影中，以惲壽平為中心的惲氏家族雖然延續了數百年的歷史，但真正在畫史上產生重要影響的除了惲向和惲壽平而外，可以說是微乎其微。這同時也暴露了藝術家族模式的弊端，那就是，在煊赫的家族背景下，藝術家族容易在「家法」的制約中陳陳相因，缺乏必要的創新意識，在藝術作品中表現出重複先輩的足跡，因而最後在美術史上無法佔有一席之地。這是惲壽平之後惲氏家族發展的重要弊端，其實也是整個中國藝術家族發展所無法迴避的怪圈。

這是我們在考察以惲壽平為代表的常州惲氏藝術家族時所要看到的。

〔註3〕凌郁之《蘇州文化世家與清代文學》，30頁，齊魯書社，2008年。

主要參考文獻

一、**論著、圖錄**（以作者首字音序排列）

A

1. 艾爾曼著，趙剛譯《經學、政治和宗族：中華帝國晚期常州今文學派研究》，江蘇人民出版社，1998 年。

B

1. 北京市文物局等編《明清摺扇》，北京美術攝影出版社，2006 年。
2. 北京市文物局等編《北京文物精粹大系·繪畫卷》，北京出版社，2002 年。

C

1. 蔡星儀《中國名畫家全集·惲壽平》，河北教育出版社，2006 年。
2. 蔡星儀《惲壽平研究》，天津人民美術出版社，2000 年。
3. 曹培根《常熟翁氏文化世家》，揚州廣陵書社，2009 年。
4. 常州博物館編《常州博物館五十週年典藏叢書·書法卷》，文物出版社，2008 年。
5. 常州博物館編《常州博物館五十週年典藏叢書·繪畫卷》，文物出版社，2008 年。
6. 《常州書畫作品集》，天津人民美術出版社，1999 年。
7. 常州市武進區文廣新局、常州市武進區檔案局《惲南田書畫研究》，中國文聯出版社，2012 年。
8. 常建華《明代宗族研究》，上海人民出版社，2005 年。

9. 常抒編《常州書學論集》，中國文聯出版社，1999 年。

10. 陳衡恪《中國繪畫史》，翰墨緣美術院，1925 年。

11. 陳連根、張銀龍《人貴自立——湖州鈕氏家族文化研究》，浙江大學出版社，2009 年。

12. 陳履生《王石谷》，吉林美術出版社，1996 年。

13. 陳履生選注《明清花鳥畫題畫詩選注》，四川美術出版社，1988 年。

14. 陳撰編《玉几山房畫外錄》，鄧實、黃賓虹編《美術叢書》初集第八輯，江蘇古籍出版社，1986 年影印本。

15. 承名世、承載《惲南田》，江蘇人民出版社，1983 年。

16. 程曦《簡論惲南田》，靈潮軒藏板，庚午（1990）印行，出版地不詳。

D

1. 《大阪市立美術館藏品選集》，日本大阪市立美術館，昭和 61 年（1986）。

2. 笪重光撰，王翬、惲格評《畫筌》，知不足齋叢書·第十二集，清乾隆至道光間重印本。

3. 笪重光撰、黃凌整理《畫筌》，山東畫報出版社，2004 年。

4. 戴熙《賜硯齋題畫偶錄》，上海徐氏寒木春華館，清同治九年（1870）。

5. 鄧喬彬《中國繪畫思想史》，貴州人民出版社，2001 年。

6. 鄧實、黃賓虹編《美術叢書》，江蘇古籍出版社，1986 年影印本。

7. 東京大學東洋文化研究所東アジア部門美術研究分野編《日本所在中國繪畫目錄（博物館編）》，東京大學東洋文化研究所，昭和 57 年（1982）。

8. 東アジア美術研究室編《海外所在中國繪畫目錄改訂增補版（東アジア編）》，東京大學東洋文化研究所，平成 9 年（1997）。

9. 寶鎮《國朝書畫家筆錄》，蘇州護龍街中文學山房，清宣統辛亥（1911）。

10. 段書安編《中國古代書畫圖目（索引）》，文物出版社，2001 年。

F

1. 方聞著，李維琨譯《心印：中國書畫風格與結構分析》，陝西人民美術出版社，2004 年。

2. 方薰著，陳永怡校注《山靜居畫論》，西泠印社出版社，2009 年。

3. 馮金伯《國朝畫識》卷十三，清道光刻本。

4. 傅抱石《中國繪畫理論》，江蘇教育出版社，2005 年。

5. 傅抱石《中國美術年表》，商務印書館，1937 年。

6. 傅抱石編譯《明末民族藝人傳》，臺灣高雄啟聖圖書公司，1972 年。

7. 傅抱石編著《中國繪畫變遷史綱》，南京書店，1931 年。

8. 福開森編《歷代著錄畫目》，人民美術出版社，1993 年。

9. 《Fraggrant Spance: Chinese Flowerand bird Painting of the Mingand Qing Dynasties from the Guangdong provincinal museum（芬芳的空間：廣東省博物館藏中國明清花鳥畫）》，ART GALLERY NSW，1999。

G

1. 高木森《清溪遠流：清代繪畫思想史》，浙江人民美術出版社，2020 年。

2. 岡倉天心著，蔡春華譯《中國的美術及其他》，中華書局，2009 年。

3. 葛路《中國古代繪畫理論發展史》，上海人民美術出版社，1982 年。

4. 龔方緯著，宗瑞冰整理《清民兩代金石書畫史》，鳳凰出版社，2014 年。

5. 宮崎法子著，傅彥瑤譯《中國繪畫的深意》，湖南文藝出版社，2019 年。

6. 故宮博物院編《明清肖像畫》，商務印書館（香港）有限公司，2008 年。

7. 廣東省博物館編《廣東省博物館藏畫集》，文物出版社，1986 年。

8. 廣東省博物館編《廣東省博物館藏品選》，文物出版社，1999 年。

9. 廣東省博物館、香港中文大學文物館編《明清花鳥畫》，香港中文大學文物館，2001 年。

10. 廣西壯族自治區博物館、廣西文物考古研究所編著《廣西壯族自治區博物館藏書畫精品選集》，文物出版社，2010 年。

11. 觀峰館編集《第六回特別企劃展：清朝の美人畫》，日本京都滋賀縣觀峰館，平成九年（1997）。

12. 郭繼生《藝術史與藝術批評》，臺北書林出版有限公司，1990 年。

13. 郭味蕖《宋元明清書畫家年表》，人民美術出版社，1982 年。

14. 國立故宮博物院編輯委員會編《明陸治作品展覽圖錄》，臺北故宮博物院，1992 年。

H

1. 郝麗霞《吳江沈氏文學世家研究》，復旦大學出版社，2009 年。

2. 何宗美《明末清初文人結社研究》，南開大學出版社，2003 年。

3. 何宗美《明末清初文人結社研究續編》，中華書局，2006 年。

4. 胡敬撰，劉英點校《胡氏書畫考三種》，浙江人民美術出版社，2015 年。

5. 黃賓虹著，趙志鈞編《中國畫史馨香錄》，香港翰墨軒出版有限公司，2002 年。

6. 黃志浩《常州詞派研究》，中國社會科學出版社，2008 年。

7. 洪永鏗、賈文勝、賴燕波《海寧查氏家族文化研究》，浙江大學出版社，2006 年。

J

1. JamesCahill 原著，李渝譯《中國繪畫史》，臺北雄獅圖書股份有限公司，1984 年。

2.《吉林省博物館所藏中國明清繪畫展圖錄》，日本山梨縣立美術館，1987 年。

3. 紀玲妹《清代毗陵詩派研究》，鳳凰出版社，2009 年。

4. 蔣寶齡《墨林今話》，黃山書社，1992 年。

5. 江慶柏編著《清代人物生卒年表》，人民文學出版社，2005 年。

6. 姜怡亭《國朝畫傳編韻》，《中國書畫全書》本。

7.《靜嘉堂·明清書畫清賞》，日本京都靜嘉堂文庫美術館，平成十七年（2005）。

L

1. 藍瑛、謝彬纂輯《圖繪寶鑒續纂》，于安瀾編《畫史叢書》本。

2. 勞繼雄《鑒畫隨筆》，上海古籍出版社，2006 年。

3. 李寶凱編《毗陵畫徵錄》二卷補遺一卷，常州振群印刷公司，民國 22 年（1933）。

4. 李斗撰，周春東注《揚州畫舫錄》，山東友誼出版社，2001 年。

5. 李放《畫家知希錄》，臺北明文書局，1985 年。

6. 李濬之編《清畫家詩史》，中國書店，1990 年。

7. 李來源、林木編著《中國古代畫論發展史實》，上海人民美術出版社，1997 年。

8. 李玫《明清之際蘇州作家群研究》，中國社會科學出版社，2000 年。

9. 李湜《明清閨閣繪畫研究》，紫禁城出版社，2008 年。

10. 李湜《世代公卿，閨閣獨秀──女畫家陳書與錢氏家族》，臺北石頭出版股份有限公司，2010 年。

11. 李一《中國古代美術批評史綱》，黑龍江美術出版社，2000 年。

12. 李玉棻《甌鉢羅室書畫過目考》，臺北新文豐出版公司，1979 年。

13. 李元度《國朝先正事略》，嶽麓書社，1991 年。

14. 李鎮瀛主編《常州書畫家名錄》，政協常州市文史資料委員會，《常州文史資料》第十四輯，1997 年。

15. 李焯然主編《明清研究現狀的探討與方法的反思》，新加坡國立大學漢學論叢 3，香港：香港教育圖書公司，2006 年。

16. 李鑄晉編，石莉譯《中國畫家與贊助人——中國繪畫中的社會及經濟因素》，天津人民美術出版社，2013 年。

17. 梁江《中國美術鑒藏史稿》，文物出版社，2009 年。

18. 凌郁之《蘇州文化世家與清代文學》，齊魯書社，2008 年。

19. 鈴木敬主編《海外所在中國繪畫目錄》，東京大學東洋文化研究所，昭和52 年（1977）。

20. 鈴木敬主編《海外所在中國繪畫目錄（東南アジア・ョーロッ編）》，東京大學東洋文化研究所，昭和 56 年（1981）。

21. 劉九庵編著《宋元明清書畫家傳世作品年表》，上海書畫出版社，1997 年。

22. 劉子琪譯注《南田畫跋今注今譯》，浙江人民美術出版社，2017 年。

M

1. 馬爾康《18 世紀以來中國家族的現代轉向》，上海人民出版社，2005 年。

2. 馬季戈《海派中堅——任氏家族》，臺北石頭出版股份有限公司，2010 年。

3. 馬宗霍輯《書林藻鑒・書林記事》，文物出版社，1984 年。

4.《名家翰墨（32）・虛白齋藏畫特集（上）》，香港翰墨軒出版有限公司，1992 年。

5.《明末清初書法展（忠烈・名臣・遺民・高僧）》，臺北何創時書法藝術基金會，1996 年。

N

1. 南京博物院、故宮博物院、上海博物館編《藏・天下：龐萊臣虛齋名畫合璧展》，譯林出版社，2014 年。

2. 南京師範大學古文獻整理研究所編著《江蘇藝文志・常州卷》，江蘇人民出版社，1994 年。

3. 內藤湖南著，欒殿武譯《中國繪畫史》，中華書局，2008 年。

4. 牛克誠《色彩的中國繪畫》，湖南美術出版社，2002 年。

P

1. 潘茂《常州畫派》，吉林美術出版社，2003 年。

2. 潘天壽《中國繪畫史》，上海人民美術出版社，1983 年。

3. 龐元濟撰，李保民校點《虛齋名畫錄》，上海古籍出版社，2016 年。

Q

1. 啟功《啟功叢稿·題跋卷》，中華書局，1999 年。

2. 啟功批註題跋《清惲南田書詩札真蹟》，北京師範大學出版社，2006 年。

3. 錢泳《履園畫學》，美術叢書本，神州國光社，民國 25 年（1936）。

4. 秦耕海編著《常州書畫家傳》，中國畫報出版社，2003 年。

5. 秦祖永《桐陰論畫》，《藝林名著叢刊》，北京市中國書店，1983 年。

6. 邱巍《吳興錢家：近代學術文化家族的斷裂與傳承》，浙江大學出版社，2009 年。

R

1. 阮璞《中國畫史論辯》，陝西人民美術出版社，1993 年。

S

1. 山西博物院、上海博物館編《虞山畫派書畫精品集》，山西人民出版社，2015 年。

2. 上海博物館編《顧公雄家屬捐贈上海博物館過雲樓書畫集萃》，上海書畫出版社，2002 年。

3. 《上海博物館所藏中國明清書畫名品展圖冊》，日本書芸院，1991 年。

4. 上海圖書館編《上海圖書館藏明清名家手稿（簡編本）》，上海古籍出版社，2006 年。

5. 尚小明編著《清代士人遊幕表》，中華書局，2005 年。

6. 沈德潛選編、李克和等校點《清詩別裁集》，嶽麓書社，1998 年。

7. 石守謙等著《中國古代繪畫名品》，臺北雄獅圖書股份有限公司，1986 年。

8. 《十四至二十世紀中國繪畫展（重慶市美術館藏畫)》，喬治·拉比博物館（GeorgesLabit），1993 年。

9. 施淑儀輯《清代閨閣詩人徵略》，上海書店，1987 年。

10. 司徒琳著，李榮慶等譯《南明史（1644～1662）》，上海古籍出版社，1992年。

11. 蘇庚春《蘇庚春中國畫史記略》，廣東旅遊出版社，2004年。

12. 蘇慎編著《常州姓氏》，中國文史出版社，2003年。

13. 蘇州博物館編《蘇州博物館藏明清書畫》，文物出版社，2006年。

14. 孫彥、周群《大家精要：唐順之》，雲南教育出版社，2010年。

15. 孫原湘《天真閣集》，掃葉山房，民國二十四年（1935）。

16. 孫振麟纂輯《當湖歷代畫人傳》，當湖孫氏雪映廬，民國二十四年（1935）。

T

1. 陶樑《紅豆樹館書畫記》，《中國書畫全書》本。

2. 童書業著，童教英整理《童書業繪畫史論集（上下）》，中華書局，2008年。

W

1. 萬青力《萬青力美術文集》，人民美術出版社，2004年。

2. 王伯敏《中國繪畫通史》，三聯書店，2008年。

3. 王伯敏《中國繪畫史》，文化藝術出版社，2009年。

4. 王宸《繪林伐材》，清乾隆刻本。

5. 王汎森《晚明清初思想十論》，復旦大學出版社，2004年。

6. 王力堅《清代才媛文學之文化考察》，臺北文津出版社有限公司，2006年。

7. 汪世清《卷懷天地自有真：汪世清藝苑查疑補證散考（上下）》，臺北石頭出版股份有限公司，2006年。

8. 汪世清《藝苑疑年叢談》，紫禁城出版社，2002年。

9. 汪世清《藝苑疑年叢談（增補版）》，臺北石頭出版股份有限公司，2008年。

10. 王時敏等繪，王一飛編《王時敏吳歷惲壽平山水精品選》，江西美術出版社，2003年。

11. 王世襄《中國畫論研究：世襄未定稿（上）》，廣西師範大學出版社，2010年。

12. 王世襄《中國畫論研究：世襄未定稿（中）》，廣西師範大學出版社，2010年。

13. 王澍著，李文點校《虛舟題跋‧竹雲題跋》，浙江人民美術出版社，2015年。

14. 王先謙《虛受堂詩存》，清光緒二十八年（1902）蘇氏刻增修本。

15. 王懿榮《王文敏公遺集》，民國劉氏刻求恕齋叢書本。

16. 汪兆鏞《嶺南畫徵略》，廣東人民出版社，1988年。

17. 溫肇桐《清初六大畫家》，香港崇明出版社，1976年。

18. 吳歷、惲壽平繪《吳歷惲壽平青綠山水合冊》，上海書店出版社，2001年。

19. 婺源博物館編《婺源博物館藏品集粹》，文物出版社，2007年。

X

1. 冼玉清《廣東女子藝文考》，商務印書館，1941年。

2. 蕭燕翼主編《四王吳惲繪畫》，故宮博物院藏文物珍品全集，商務印書館（香港）有限公司，1996年。

3. 謝國楨《明末清初的學風》，上海書店出版社，2004年。

4. 謝正光《清初詩文與士人交遊考》，南京大學出版社，2001年。

5. 謝正光編《明遺民傳記索引》，上海古籍出版社，1992年。

6. 謝作拳點校《黃紹箕集》，中華書局，2018年。

7. 徐邦達《歷代書畫家傳記考辨》，上海人民美術出版社，1983年。

8. 徐邦達著，故宮博物院編《徐邦達集八‧古書畫過眼要錄‧晉隋唐五代宋繪畫》，故宮出版社，2014年。

9. 徐邦達著，故宮博物院編《徐邦達集十‧古書畫偽訛考辨一》，故宮出版社，2015年。

10. 徐邦達著，故宮博物院編《徐邦達集十二‧古書畫偽訛考辨三》，故宮出版社，2015年。

11. 《虛白齋藏中國書畫藏品目錄‧冊頁》，香港藝術館，1995年。

12. 徐立望《嘉道之際揚州常州區域文化比較研究》，浙江大學出版社，2007年。

13. 徐珂《清稗類鈔》，中華書局，1984年。

14. 徐沁撰，印曉峰點校《明畫錄》，華東師範大學出版社，2009年。

15. 薛永年《橫看成嶺側成峰》，臺北東大圖書股份有限公司，1996年。

16. 薛永年《江山代有才人出》，臺北東大圖書股份有限公司，1996年。

17. 薛永年、杜娟《清代繪畫史》，人民美術出版社，2000年。

Y

1. 嚴迪昌《清詞史》，江蘇古籍出版社，1999 年。

2. 嚴迪昌《清詩史（上下）》，浙江古籍出版社，2002 年。

3. 楊新《楊新美術論文集》，紫禁城出版社，1994 年。

4. 楊臣彬《明清中國畫大師研究叢書‧惲壽平》，吉林美術出版社，1996 年。

5. 楊仁愷主編《中國書畫》，上海古籍出版社，2001 年。

6. 楊仁愷《中國書畫研究》，上海古籍出版社，2005 年。

7. 楊仁愷《中國書畫鑒定學稿》，遼海出版社，2000 年。

8. 楊旭輝《清代經學與文學——以常州文人群體為典範的研究》，鳳凰出版社，2006 年。

9. 葉銘輯《廣印人傳》，西泠印社晚清印學叢書本。

10. 葉鵬飛《常州畫派研究》，江蘇人民出版社，2008 年。

11. 葉鵬飛《南田遺韻》，文物出版社，2005 年。

12. 葉鵬飛、潘茂編著《常州書畫》，中國文史出版社，2003 年。

13. 楊逸《海上墨林》，華東師範大學出版社，2009 年。

14. 佚名編《清內府書畫編纂稿》，北京圖書館出版社，2005 年。

15. 《藝苑掇英‧常州博物館專輯》第五十九期，上海人民美術出版社，1997 年。

16. 于安瀾編《畫史叢書（一、二、三、四、五）》，上海人民美術出版社，1963 年。

17. 俞劍華《中國繪畫史》，東南大學出版社，2009 年。

18. 俞劍華《中國繪畫史》，商務印書館，1937 年。

19. 俞劍華《國畫研究》，廣西師範大學出版社，2005 年。

20. 俞劍華《中國美術家人名辭典》，上海人民美術出版社，1981 年。

21. 俞劍華《中國畫論類編》，人民美術出版社，1986 年。

22. 余子安編《余紹宋書畫論叢》，北京圖書館出版社，2003 年。

23. 惲格繪《惲壽平畫冊》，文物出版社，1959 年。

24. 惲格繪，國立北平故宮博物院古物館藏並編《惲壽平畫山水》，國立故宮博物院，民國 21 年（1932）。

25. 惲格繪《南田花卉山水合冊》，有正書局，民國間印本。

26. 惲格繪《惲南田花果冊》，西泠印社，民國間印本。

27. 惲格繪《惲南田墨華冊》，顧氏過雲樓藏，藝苑真賞社，民國間印本。

28. 惲格《甌香館集‧補遺詩補遺畫跋附錄》，商務印書館，民國二十四年（1935）。

29. 惲格《甌香館集‧補遺詩補遺畫跋附錄》（別下齋校本），臺北學海出版社，1972 年。

30. 惲格著，秦耕海校注《惲南田文集（上下）》，中國文聯出版社，2008 年。

31. 惲格撰，汪顯節編次、畫跋《繪林題識》，長沙商務印書館，民國二十八年（1939）。

32. 惲格撰，汪顯節編次、畫跋《繪林題識》，中華書局，1985 年。

33. 惲格撰並書《惲南田行書詩冊》，古鑒閣藏，藝苑真賞社，民國間印本。

34. 惲格、蔣廷錫繪《惲南田工筆花卉蔣南沙草花蟲蝶合冊》，有正書局，民國間印本。

35. 惲格《南田畫跋》，美術叢書本，上海神州國光社，民國二十五年（1936）。

36. 惲格等繪、魯石藏《魯石珍藏名畫》，菰城書屋，民國二十二年（1933）。

37. 惲格繪，考槃社編《南田花卉冊》，日本京都山本釭太郎，昭和五年（1930）。

38. 惲格繪，白葭道人藏《惲南田花卉冊》，中華書局，民國十七年（1928）。

39. 惲格繪，裴氏藏《惲南田寫生冊》，上海中華書局，民國十五年（1926）。

40. 惲格繪，龐氏虛齋藏《甌香館寫生冊》，有正書局，民國十四年（1925）。

41. 惲格繪，清內府藏《清宮秘藏南田墨戲冊》，有正書局，民國六年（1917）。

42. 惲格繪，鄧秋枚集印《惲南田山水對題冊》，神州國光社，民國二年（1913）。

43. 惲格繪，李煜瀛藏《惲南田仿古山水冊》，世界社，清宣統元年（1909）。

44. 惲格、王翬繪《惲南田花卉王石谷山水合璧》，文明書局，民國十四年（1925）。

45. 惲格撰，蔣光煦輯《甌香館遺詩》，掃葉山房，清宣統間至民國初（1909～1921）。

46. 惲格書《寶惲室帖》（影印本），上海書畫會，清宣統元年（1909）。

47. 惲格繪《惲南田便面譜》，日本東京十一組出版部，20 世紀初。

48. 惲格繪《南田花卉》，清光緒間（1975～1908）刻本。

49. 惲格《題畫詩》，中華書局，1985 年。

50. 惲格《甌香館集》，中華書局，1985 年。

51. 惲格《甌香館集》，清光緒七年（1881）刻本。

52. 惲格《南田詩》，信芳閣，清道光十年（1830）活字印本。

53. 惲格《南田題跋》，同文圖書館，清光緒 4 年（1879）刻本。

54. 惲格《南田題畫》，道光辛卯（1831）刊本。

55. 惲格《南田詩鈔》，敬義堂，清康熙五十六年（1717）刻本。

56. 惲格著，朱季海、施立華校勘《南田畫跋》，上海人民美術出版社，1987
年。

57. 惲鶴生編《惲南田先生家傳》，遼海秀琨怡雲館，清道光三十年（1850）
刻本。

58. 惲敬《大雲山房文稿》，古籍珍本叢刊，續修四庫全書・集部・別集類，
上海古籍出版社，1995 年。

59. 惲南田繪，李一等編《惲南田畫風》，重慶出版社，1995 年。

60. 惲南田繪《惲南田花卉》，朵雲軒，1961 年。

61. 惲南田繪《惲南田花卉冊》，圖片出版社，1957 年。

62. 惲南田繪《惲南田花卉》，榮寶齋，1955 年。

63. 惲南田繪，林氏樂志堂藏《惲南田山水集錦冊》，天繪閣，民國 18 年
（1929）。

64. 惲壽平繪《中國古代名家作品選粹・惲壽平》，人民美術出版社，2002 年。

65. 惲壽平繪《榮寶齋畫譜・古代部分（四十七）・惲壽平繪山水》，榮寶齋出
版社，2001 年。

66. 惲壽平繪，鄧嘉德主編《名畫經典：百集珍藏本，中國部分（56）惲壽平
花鳥》，四川美術出版社，1998 年。

67. 惲壽平繪《臨各家山水冊》，廣西美術出版社，1997 年。

68. 惲壽平繪，陳履生編著《花鳥冊》，廣西美術出版社，1997 年。

69. 惲壽平、王翬繪《清惲壽平王翬花卉水合冊》，東京株式會社二玄社，1984
年。

70. 惲壽平繪《惲南田便面譜》，日本佐藤八平，日本昭和十八年（1943）。

71. 惲壽平書並繪《惲南田山水名人題詩合冊》，上海神州國光社，民國 20 年
（1931）。

72. 惲壽平《甌香館集目錄》（抄本），抄寫者不詳，民國間（1912～1949）。

73. 惲壽平《初拓清嘯閣本》，清宣統年間影印本。

74. 惲壽平《甌香館手札》，清宣統年間影印本。

75. 惲壽平《甌香館摸古》，清宣統年間影印本。

76. 惲壽平《甌香館詩稿》，清宣統年間影印本。

77. 惲壽平輯《清暉堂同人尺牘彙存》，毗陵惲元鍾，清咸豐7年（1857）。

78. 惲壽平繪《故宮書畫簡輯·惲壽平》，臺北國立故宮博物院，1979年。

79. 惲壽平繪《清惲壽平畫花卉冊》，臺北國立故宮博物院，1989年。

80. 惲壽平繪《清惲壽平仿古山水冊》，文物出版社，1981年。

81. 惲壽平繪《清惲壽平甌香館寫生冊》，文物出版社，1980年。

82. 惲壽平繪《惲壽平畫集》，北京工藝美術出版社，2005年。

83. 惲壽平繪《惲壽平畫集》，江蘇美術出版社，1998年。

84. 惲壽平繪，劉一聞編《惲壽平畫集》，上海人民美術出版社，1998年。

85. 惲壽平繪《惲壽平牡丹圖》，上海書畫出版社，2009年。

86. 惲壽平繪《惲壽平漁隱圖》，上海書畫出版社，2007年。

87. 惲壽平繪《惲壽平精品選》，天津楊柳青畫社，2002年。

88. 惲壽平繪《惲壽平》，河北美術出版社，2002年。

89. 惲壽平書《惲壽平行楷》，天津人民美術出版社，1999年。

90. 惲壽平著，毛建波校注《南田畫跋》，西泠印社出版社，2008年。

91. 惲壽平著，吳企明輯校《惲壽平全集》，人民文學出版社，2015年。

92. 惲壽平著，呂鳳棠點校《甌香館集》，西泠印社出版社，2012年。

93. 惲壽平著，張曼華點校、纂注《南田畫跋》，山東畫報出版社，2012年。

94. 惲壽平作，承名世主編《惲壽平書畫集》，文物出版社，1987年。

95. 惲紹芳《林居集不分卷》，清鈔本，四庫未收書輯存，北京出版社，2000年。

96. 惲紹芳撰，惲厥初輯《考槃集》，明崇禎五年（1632）刻本。

97. 惲應翼修，張嘉孚纂《安定縣新志》，蘭州古籍書店，1990年。

98. 惲毓鼎著，史曉風整理《惲毓鼎澄齋奏稿》，浙江古籍出版社，2007年。

99. 惲珠《紅香館詩草》，石印本，宣統三年（1911）。

Z

1. 查律《中國花鳥畫通鑒·寫生正宗》，上海書畫出版社，2008年。

2. 張彬編著《中國古今書畫家年表》，文物出版社，2006年。

3. 張大鏞《自怡悅齋書畫錄》，《中國書畫全書》本。

4. 張懷瓘《書斷》，中華書局，1960年。

5. 張庚《國朝畫徵錄》，于安瀾編《畫史叢書（三）》，上海人民美術出版社，

1963 年。

6. 張慧劍《明清江蘇文人年表》，人民文學出版社，2008 年。

7. 張惠言《茗柯文編》，上海書店，1989 年。

8. 張廷濟《清儀閣題跋》，清光緒十九年（1893）刻本。

9. 趙園《明清之際的思想與言說》，香港三聯書店，2008 年。

10. 趙園《明清之際士大夫研究》，北京大學出版社，1999 年。

11. 浙江省博物館編《浙江省博物館典藏大系：丹青萬象》，浙江古籍出版社，2008 年。

12. 鄭昶編著《中國畫學全史》，中華書局，1937 年。

13. 鄭工、歐陽啟名主編《傳世畫藏》，九州圖書出版社；天津人民美術出版社，1999 年。

14. 鄭工、歐陽啟名主編《中國畫鑒賞》，九州圖書出版社；天津人民美術出版社，1999 年。

15. 鄭振滿《明清福建家族組織與社會變遷》，中國人民大學出版社，2009 年。

16. 中國古代書畫鑒定組編《中國古代書畫目錄（第一冊）》，文物出版社，1984 年。

17. 中國古代書畫鑒定組編《中國古代書畫目錄（第二冊）》，文物出版社，1985 年。

18. 中國古代書畫鑒定組編《中國古代書畫目錄（第三冊）》，文物出版社，1987 年。

19. 中國古代書畫鑒定組編《中國古代書畫目錄（第四冊）》，文物出版社，1991 年。

20. 中國古代書畫鑒定組編《中國古代書畫目錄（第五冊）》，文物出版社，1988 年。

21. 中國古代書畫鑒定組編《中國古代書畫目錄（第六冊）》，文物出版社，1993 年。

22. 中國古代書畫鑒定組編《中國古代書畫目錄（第七冊）》，文物出版社，1990 年。

23. 中國古代書畫鑒定組編《中國古代書畫目錄（第八冊）》，文物出版社，1993 年。

24. 中國古代書畫鑒定組編《中國古代書畫目錄（第九冊）》，文物出版社，

1991 年。

25. 中國古代書畫鑒定組編《中國古代書畫目錄（第十冊）》，文物出版社，
   1993 年。

26. 中國古代書畫鑒定組編《中國古代書畫圖目（一）》，文物出版社，1994
   年。

27. 中國古代書畫鑒定組編《中國古代書畫圖目（二）》，文物出版社，1987
   年。

28. 中國古代書畫鑒定組編《中國古代書畫圖目（三）》，文物出版社，1990
   年。

29. 中國古代書畫鑒定組編《中國古代書畫圖目（四）》，文物出版社，1990
   年。

30. 中國古代書畫鑒定組編《中國古代書畫圖目（五）》，文物出版社，1990
   年。

31. 中國古代書畫鑒定組編《中國古代書畫圖目（六）》，文物出版社，1988
   年。

32. 中國古代書畫鑒定組編《中國古代書畫圖目（七）》，文物出版社，1989
   年。

33. 中國古代書畫鑒定組編《中國古代書畫圖目（八）》，文物出版社，1990
   年。

34. 中國古代書畫鑒定組編《中國古代書畫圖目（九）》，文物出版社，1992
   年。

35. 中國古代書畫鑒定組編《中國古代書畫圖目（十）》，文物出版社，1993
   年。

36. 中國古代書畫鑒定組編《中國古代書畫圖目（十一）》，文物出版社，1994
   年。

37. 中國古代書畫鑒定組編《中國古代書畫圖目（十二）》，文物出版社，1993
   年。

38. 中國古代書畫鑒定組編《中國古代書畫圖目（十三）》，文物出版社，1996
   年。

39. 中國古代書畫鑒定組編《中國古代書畫圖目（十四）》，文物出版社，1996
   年。

40. 中國古代書畫鑒定組編《中國古代書畫圖目（十五）》，文物出版社，1997年。

41. 中國古代書畫鑒定組編《中國古代書畫圖目（十六）》，文物出版社，1997年。

42. 中國古代書畫鑒定組編《中國古代書畫圖目（十七）》，文物出版社，1997年。

43. 中國古代書畫鑒定組編《中國古代書畫圖目（十八）》，文物出版社，1998年。

44. 中國古代書畫鑒定組編《中國古代書畫圖目（十九）》，文物出版社，1999年。

45. 中國古代書畫鑒定組編《中國古代書畫圖目（二十）》，文物出版社，1999年。

46. 中國古代書畫鑒定組編《中國古代書畫圖目（二十一）》，文物出版社，2000年。

47. 中國古代書畫鑒定組編《中國古代書畫圖目（二十二）》，文物出版社，2000年。

48. 中國古代書畫鑒定組編《中國古代書畫圖目（二三）》，文物出版社，2000年。

49. 中國美術全集編輯委員會編《中國美術全集·繪畫編 10·清代繪畫（中）》，上海人民美術出版社，1989年。

50. 中國書畫全書編纂委員會編《中國書畫全書（一）》，上海書畫出版社，1993年。

51. 中國書畫全書編纂委員會編《中國書畫全書（二）》，上海書畫出版社，1993年。

52. 中國書畫全書編纂委員會編《中國書畫全書（三）》，上海書畫出版社，1992年。

53. 中國書畫全書編纂委員會編《中國書畫全書（四）》，上海書畫出版社，1992年。

54. 中國書畫全書編纂委員會編《中國書畫全書（五）》，上海書畫出版社，1992年。

55. 中國書畫全書編纂委員會編《中國書畫全書（六）》，上海書畫出版社，

1994 年。

56. 中國書畫全書編纂委員會編《中國書畫全書（七）》，上海書畫出版社，
1994 年。

57. 中國書畫全書編纂委員會編《中國書畫全書（八）》，上海書畫出版社，
1994 年。

58. 中國書畫全書編纂委員會編《中國書畫全書（九）》，上海書畫出版社，
1996 年。

59. 中國書畫全書編纂委員會編《中國書畫全書（十）》，上海書畫出版社，
1996 年。

60. 中國書畫全書編纂委員會編《中國書畫全書（十一）》，上海書畫出版社，
1997 年。

61. 中國書畫全書編纂委員會編《中國書畫全書（十二）》，上海書畫出版社，
2000 年。

62. 中國書畫全書編纂委員會編《中國書畫全書（十三）》，上海書畫出版社，
2000 年。

63. 中國書畫全書編纂委員會編《中國書畫全書（十四）》，上海書畫出版社，
2000 年。

64. 《中國古代文學詞典》（第一冊），廣西人民出版社，1986 年。

65. 周積寅編《俞劍華美術論文選》，山東美術出版社，1986 年。

66. 周亮工《讀畫錄》，周氏煙雲過眼堂，康熙十二年（1673）。

67. 周徵松《家族史研究及其他》，山西人民出版社，2009 年。

68. 朱良志《八大山人研究》，安徽教育出版社，2008 年。

69. 朱良志《生命清供：國畫背後的世界》，北京大學出版社，2008 年。

70. 朱良志《扁舟一葉：理學與中國畫學研究》，安徽教育出版社，2006 年。

71. 朱良志《石濤研究》，北京大學出版社，2005 年。

72. 朱良志《中國藝術的生命精神》，安徽教育出版社，1995 年。

73. 朱萬章《擔當》，河北教育出版社，2006 年。

74. 朱萬章《居巢居廉研究》，嶺南美術出版社，2007 年。

75. 朱萬章《鑒畫積微錄續編》，浙江大學出版社，2019 年。

76. 朱萬章《銷夏與清玩：以書畫鑒藏史為中心》，浙江大學出版社，2014 年。

77. 朱萬章《石溪》，河北教育出版社，2006 年。

78. 朱萬章《書畫的鑒藏與市場》，山東美術出版社，2008 年。

79. 朱亞非等著《明清山東仕宦家族與家族文化》，山東人民出版社，2009 年。

80. 朱則傑《清詩史》，江蘇古籍出版社，2000 年。

81. 朱鑄禹《中國歷代畫家人名辭典》，人民美術出版社，2003 年。

二、主要論文（以發表時間為序）

（一）總論或相關研究

1. 徐岱《藝術的家族起源與群體發生》，《當代文壇》1989 年 04 期。

2. 包銘新、沈雁《嘉興郭氏家族的繪畫傳統及其歷史意義》，《東華大學學報（社會科學版）》第 4 卷第 1 期，2004 年 3 月。

3. 張如元《溫州馬氏書畫與家族文化傳承的啟示》，《溫州師範學院學報（哲學社會科學版）》第 25 卷第 4 期，2004 年 8 月

4. 唐秀珠《宗族在地方社會團練中的作用——以武進惲氏宗族為個例》，《科技信息》2006 年 9 期。

5. 郭建平《明清時期江南繪畫家傳譜系研究——家族、家學與中國古代繪畫》，《福州大學學報（哲學社會科學版）》，2007 年第 6 期總第 82 期。

6. 陳家紅《張崟詩畫相彰的家族淵源與地域文化特點》，蘇州大學碩士論文，2008 年。

7. 陶莎莎《明清時期蘇州文氏世家研究》，蘇州大學碩士論文，2009 年。

8. 蘭秋陽、邢海萍《清代繪畫世家及其家學考略》，《河北北方學院學報（社會科學版》第 25 卷第 3 期，2009 年 6 月。

9. 路海洋《論清代常州府文學家族的文化特徵——以惲氏、秦氏、劉氏、張氏等為中心的考察》，《紹興文理學院學報》第 30 卷第 1 期，2010 年 1 月。

10. 程霞《略論常州畫派的源流及其影響》，《文物天地》2015 年第 11 期。

11. 文祥磊《閨閣丹青沒骨情——常州畫派女畫家及其繪畫藝術述論》，《藝術品》2017 年第 3 期。

12. 趙豔玲《刻畫爭傳沒骨花——清代中期的「惲派」花鳥畫》，《中國書畫》2018 年第 11 期。

13. 謝青《清代常州畫派女性畫家家族化現象研究》，揚州大學碩士論文，2019 年 5 月。

14. 朱慧《清代常州畫派女性畫家沒骨花鳥畫探析》，湖北美術學院碩士論文，2021 年 8 月。

（二）惲向研究

1. 袁平《氣厚力沉，悠然自遠》，南京藝術學院碩士論文，2008 年。

2. 袁平《氣厚力沉，悠然自遠——論惲向山水畫的藝術特色》，《藝術評論》2008 年第 10 期。

3. 王福新《黃賓虹重「鄒之麟、惲向」立論考》，《美術大觀》，2008 年 07 期。

4. 黃亮《解讀惲向畫論的內涵》，《江西教育學院學報（社會科學）》，2009 年 8 月，第 30 卷第 4 期。

5. 朱萬章《惲向的仿古山水畫》，《書畫藝術》2014 年第 1 期。

6. 朱萬章《惲向畫藝研考》，《中國國家博物館館刊》2014 年第 2 期總第 127 期。

7. 周雄平《惲向及其畫學——以美國大都會博物館藏〈山水書法冊頁〉為中心》，《美術學報》2014 年第 4 期。

8. 凌南《惲向繪畫藝術研究》，上海師範大學碩士論文，2019 年 4 月 1 日。

9. 陳尚含《從「逸」看惲向的山水畫》，《藝術教育》2019 年第 11 期。

（三）惲壽平研究

1. 黃賓虹《惲南田傳略》，《藝觀畫刊》第二、三號，1926 年。

2. 張臨生《清初畫家惲壽平》，（臺北）故宮季刊第十卷第二期（1975 年）。

3. 雷甫鳴《惲南田的畫與畫論》，《南京藝術學院學報（音樂與表演版）》，1981 年 01 期。

4. 惲新安、顧信《惲壽平的家世、生平事蹟及其著述、石刻考略》，《南京藝術學院學報（音樂與表演版）》1981 年 01 期。

5. 承名世《惲南田和「常州派」》，《文物》，1981 年 09 期。

6. 鮑少游《從惲南田的〈五清圖〉說起》，載鮑少游《鮑少游畫論集》，202～233 頁，臺北：臺灣商務印書館有限公司，1978 年。

7. 蔡星儀《論惲壽平和他的沒骨花卉》，《美術史論》1982 年第 3 輯。

8. 楊臣彬《惲壽平早年事蹟及年譜簡編》，《故宮博物院院刊》，1983 年第 3 期，總第 21 期。

9. 朱良志《惲南田的繪畫美學思想》,《江漢論壇》, 1984 年 11 期。

10. 惲振霖《惲壽平與沒骨寫生法》,《朵雲》第七集, 1984 年 11 月。

11. 張瑗《傳丹青之妙筆, 寓象外之奧旨——簡評惲南田的題畫詩》,《南京師大學報 (社會科學版)》, 1988 年第 2 期。

12. 楊臣彬《惲壽平的生平與藝術》,《朵雲》總第 41 期, 1994 年 2 月。

13. 蔡星儀《惲壽平年譜稿略》,《朵雲》總第 41 期, 1994 年 2 月。

14. 鄧曉《惲壽平在花卉創作上的承繼與開拓》,《美術研究》1994 年 03 期。

15. 承載、王恩重《惲南田的藝術性格——兼論明末清初文人傳統的遞變》,《華東師範大學學報 (哲學社會科學版)》1996 年第 6 期。

16. 啟功《惲南田的書隨文心——記惲南田贈王石谷雜書冊》, 啟功《啟功叢稿·題跋卷》, 40~55 頁, 中華書局, 1999 年。

17. 啟功《記〈惲、王合璧冊〉》, 啟功《啟功叢稿·題跋卷》, 226~229 頁, 中華書局, 1999 年。

18. 王岳群《論惲南田的美學思想》, 載常抒編《常州書學論集》, 17~30 頁, 中國文聯出版社, 1999 年。

19. 李金榮《五彩繪盡天下色古今一人唯南田——甘肅省圖書館藏〈惲壽平花鳥冊〉賞析》,《圖書與情報》1999 年 04 期。

20. 黃建康《惲南田與常州畫派》,《收藏家》2000 年 09 期。

21. 謝麗君《惲壽平「沒骨花」的獨創性和藝術價值》,《南京藝術學院學報 (美術與設計版)》, 2001 年 03 期。

22. 鄧旭《畫如其人論南田》,《涪陵師專學報》第 17 卷第 3 期, 2001 年 7 月。

23. 周積寅《惲南田山水畫風》,《榮寶齋》2001 年 5 期總第 10 期, 中國美術出版總社, 2001 年。

24. 楊丹霞《惲壽平的繪畫藝術》, 載《榮寶齋畫譜·古代部分 (四十七)·惲壽平繪山水》, 榮寶齋出版社, 2001 年。

25. 謝麗君《莊子對惲壽平繪畫思想的影響》,《美術觀察》2003 年 02 期。

26. 謝麗君《江南地域文化對惲南田的影響》,《東南文化》, 2003 年 02 期。

27. 謝飛《話說惲南田》,《書法世界》2003 年 08 期。

28. 謝麗君《佛教對惲壽平畫學思想的影響》,《榮寶齋》2004 年 01 期。

29. 蘇凌雲《惲壽平對「沒骨花」的繼承與發展》,《藝術探索》2005 年 01 期。

30. 米娜《惲壽平和現代沒骨畫》，中央民族大學碩士論文，2005 年。

31. 蕭燕翼《四王吳惲繪畫·惲壽平》，載《古書畫史論鑒定文集》，紫禁城出版社，2005 年。

32. 張勤《逸格，高標，一代沒骨新風——惲壽平沒骨花卉藝術》，中央美術學院碩士論文，2006 年。

33. 勞繼雄《惲壽平的生平及其繪畫》，載勞繼雄《鑒畫隨筆》，86～92 頁，上海古籍出版社，2006 年。

34. 勞繼雄《惲壽平的學生》，載勞繼雄《鑒畫隨筆》，86～92 頁，上海古籍出版社，2006 年。

35. 葉鵬飛《論惲南田的沒骨花鳥畫藝術》，無錫：《書畫世界》2006 年 04 期。

36. 葉鵬飛《論惲南田的山水畫藝術》，無錫：《書畫世界》2006 年 05 期。

37. 王為民《筆搖五嶽嘯傲滄洲——惲南田〈晴川攬勝圖〉賞析》，《收藏界》2006 年 06 期。

38. 葉鵬飛《論惲南田的書法藝術》，無錫：《書畫世界》2007 年 01 期。

39. 馬斐《惲壽平繪畫藝術研究》，河南大學 2007 年碩士論文。

40. 杜鵑《論惲壽平的生平及花鳥畫藝術風格》，《中國成人教育》， 2007 年 06 期。

41. 陳瑞農《從惲壽平〈山水〉冊看其山水逸格》，《中國書畫》2007 年 06 期。

42. 賈關法《絢爛之極，歸於自然——惲壽平及其繪畫藝術》，《藝術市場》2007 年 08 期。

43. 萬新華《從苦海中走出的藝術家——惲壽平》，《藝術市場》2007 年 10 期。

44. 林麗《惲壽平沒骨花卉藝術的形式分析》，揚州大學碩士論文，2008 年。

45. 丁鑫南《試論惲壽平藝術創作中的淡雅美及其原因》，《時代人物》2008 年 02 期。

46. 單國強《珠聯璧合的王翬、惲壽平合冊》，《紫禁城》，2008 年第 2 期。

47. 趙國英《互古無雙：王翬與惲壽平、唐宇昭、笪重光之間的交遊》，《中國書畫》，2008 年 10 期。

48. 童書業《四王、吳、惲》，載童書業著，童教英整理《童書業繪畫史論集》，185 頁，中華書局，2008 年。

49. 童書業《王石谷、惲南田、吳漁山同學唐六如》，載童書業著，童教英整理《童書業繪畫史論集》，725 頁，中華書局，2008 年。

50. 童書業《惲南田沒骨花卉的來源》，載童書業著，童教英整理《童書業繪畫史論集》，730 頁，中華書局，2008 年。

51. 童書業《惲南田山水畫的特點》，載童書業著，童教英整理《童書業繪畫史論集》，731 頁，中華書局，2008 年。

52. 童書業《王石谷、惲南田的短長》，載童書業著，童教英整理《童書業繪畫史論集》，732 頁，中華書局，2008 年。

53. 童書業《傳世惲南田記黃子久〈秋山圖〉質疑》，載童書業著，童教英整理《童書業繪畫史論集》，791 頁，中華書局，2008 年。

54. 童書業《南田沒骨花二論》，載童書業著，童教英整理《童書業繪畫史論集》，825 頁，中華書局，2008 年。

55. 孫文忠《論惲南田山水畫之類別》，《西北大學學報（哲學社會科學版）》，2008 年 05 期。

56. 劉喬《惲壽平〈一竹齋圖〉卷研究之遺民情懷考》，《美苑》2009 年第 1 期。

57. 孫春瑩《秋窗開卻凌雲筆，自寫東籬五色霞——淺析惲壽平沒骨花及畫跋中的「寫生」精神》，《數位時尚（新視覺藝術）》，2009 年 01 期。

58. 張鵬飛《淒婉澹然的美——惲壽平筆下的沒骨花卉》，《藝術探索》2009 年 02 期。

59. 劉喬《惲壽平〈一竹齋圖〉卷研究之遺民情懷考》，《美苑》2009 年 01 期。

60. 劉喬《惲壽平繪畫中的禪意和禪境》，《西北大學學報（哲學社會科學版）》2009 年 02 期。

61. 鄧喬彬《論惲格的繪畫思想》，《常熟高專學報》2009 年 9 月第五期。

62. 沈俊《惲壽平山水畫研究之研究》，《美與時代》，2009 年第 8 期。

63. 羅海青《清初山水畫大家惲壽平》，《美與時代（下半月）》2009 年 10 期。

64. 陶鎏霞《惲南田花鳥畫的藝術品格芻議》，中國美術學院碩士論文，2010 年。

65. 程桂蓮《惲南田沒骨花卉風格試析》，《國畫家》，2010 年第 3 期。

66. 朱萬章《惲壽平的家族傳人考》，《中國國家博物館館刊》2011 年第 7 期。

67. 朱萬章《惲壽平藝術及其對清代畫壇的影響》，《粵海藝叢》第三輯，《粵海風》2011 年增刊。

68. 王一紅《試論惲壽平的山水畫藝術特色》，《山西廣播電視大學學報》2011

年第 3 期。

69. 馬斐《惲壽平在畫壇上的地位與影響》,《新鄉學院學報（社會科學版）》2011 年第 3 期。

70. 徐東樹、黃小我《若語若笑憩閬風——惲南田《雲溪外史逸品十二冊花卉冊頁》》,《福建藝術》2011 年第 5 期。

71. 王士臣《清初惲壽平詩歌研究》,蘇州大學碩士論文,2011 年 5 月 1 日。

72. 馬斐《風致蕭散逸韻天成——惲壽平的山水畫創作》,《美與時代（中）》2011 年第 6 期。

73. 童亞平《論惲南田沒骨花鳥畫對粉彩花鳥瓷畫的影響》,《知識窗（教師版）》2011 年第 6 期。

74. 韓莉《惲南田繪畫境界對當代中國畫創作的啟示》,《美術觀察》2011 年第 7 期。

75. 許菁頻《明末清初常州惲壽平詩歌創作簡論》,《名作欣賞》2011 年第 8 期。

76. 路海英《惲壽平花鳥畫分析》,《現代企業教育》2011 年第 8 期。

77. 馬斐《非古非今洗脫畦徑——惲壽平的繪畫理論》,《大眾文藝》2011 年第 8 期。

78. 周麗麗《談惲壽平及其繪畫藝術》,《文物鑒定與鑒賞》2011 年第 11 期。

79. 鄭豔《惲壽平、蔣廷錫與清初宮廷花鳥畫》,《中國國家博物館館刊》2011 年第 12 期。

80. 於洋《清雅秀麗出塵絕俗——試論惲壽平的設色特點》,《大眾文藝》2011 年第 13 期。

81. 鄭鵬《惟能極似,才能傳神——惲壽平「沒骨花卉」賞析》,《名作欣賞》2011 年第 21 期。

82. 胡文峰《論雍正粉彩瓷花鳥畫惲南田畫風的形成》,《中國藝術》2012 年第 1 期。

83. 許菁頻《惲壽平的隱逸特性及對其文藝創作的影響》,《浙江外國語學院學報》2012 年第 2 期。

84. 劉毅《論華嵒對惲壽平「寫生」的繼承與發展》,《書畫世界》2012 年第 2 期。

85. 楊飛飛《「可憐白髮同枯柳,縱有春風不再青」——惲壽平花鳥畫中遺民

情結的隱性表達》,《南京藝術學院學報（美術與設計版）》2012 年第 2 期。

86. 陳友祥《論惲南田沒骨畫師承關係及藝術特色》,《邢臺學院學報》2012 年第 2 期。

87. 宋雪《淺談惲壽平沒骨花鳥畫的氣格》,《大眾文藝》2012 年第 5 期。

88. 王曉蘭《惲壽平沒骨花卉畫藝術淺探》,《四川戲劇》2012 年第 5 期。

89. 徐曄《從畫跋看惲南田繪畫風格》,中國美術學院碩士論文,2012 年 5 月 1 日。

90. 丁芳《淺析惲壽平的「沒骨」花鳥畫》,西北師範大學碩士論文,2012 年 5 月 1 日。

91. 吳錦川《淺析惲格沒骨畫法的賦彩美》,《國畫家》2012 年第 6 期。

92. 劉德賓《不為第二手：惲壽平的花鳥畫之路及其啟示》,《美苑》2012 年第 6 期。

93. 王申《惲壽平作品對高逸格調的追求》,《美術大觀》2012 年第 7 期。

94. 徐劼《惲壽平美學思想初探》,《現代營銷（學苑版）》2012 年第 7 期。

95. 朱萬章《惲壽平藝術及其對清代畫壇的影響》,《文物鑒定與研究（五）》,文物出版社 2012 年 7 月出版。

96. 張文《惲南田山水畫對其沒骨花卉的影響》,《美術大觀》2012 年第 8 期。

97. 朱良志《惲南田的「亂」》,《文藝研究》2012 年第 9 期。

98. 李豔丹《惲壽平的「沒骨花」研究》,《大舞臺》2012 年第 11 期。

99. 林海龍;劉茂斌《惲壽平清新秀麗畫風下的藝術追求》,《大眾文藝》2012 年第 11 期。

100. 喬念祖《儒釋道文化對惲南田藝術性格的影響之一（上）》,《時代文學（下半月）》2012 年第 11 期。

101. 郭展鳴《清新蕭散秀韻天成——惲壽平的個人生平淺談及其作品簡析》,《耕耘錄：吉林省博物院學術文集 2010～2011》吉林省博物院專題資料彙編,2012-12-01。

102. 辛曄《惲壽平的「逸格」主張》,《藝術教育》2013 年第 2 期。

103. 張曼華《論惲壽平繪畫思想中的「逸」境追求》,《中國書畫》2013 年第 2 期。

104. 邵寧《「畫聖」的逸品——翁同龢舊藏《王畫惲題山水冊》欣賞》,《東方收藏》2013 年第 2 期。

105. 劉毅《惲壽平沒骨花卉技法詳解》,《書畫世界》2013 年第 2 期。

106. 呂佳靜、王歡歡《極似、傳神與高逸的三位一體——論惲南田之「逸品」》,《金田》2013 年第 3 期。

107. 樊樺《惲壽平沒骨花鳥畫色彩研究》,西安美術學院碩士論文,2013 年 3 月 1 日。

108. 陳少卉《惲壽平繪畫中深藏若虛的遺民情懷》,上海師範大學碩士論文,2013 年 4 月 8 日。

109. 張曉麗《秀雅清新生趣盎然——賞評惲壽平的《花卉冊頁(一、二)》》,《老年教育(書畫藝術)》2013 年第 4 期。

110. 劉毅《惲壽平沒骨花卉技法詳解(續一)》,《書畫世界》2013 年第 4 期。

111. 穆平《惲壽平的人文境遇及詩化山水》,中國美術學院碩士論文,2013 年 5 月 1 日。

112. 白煥霞《惲壽平沒骨花卉的藝術風格及其對現當代沒骨花鳥畫的影響》,山東工藝美術學院碩士論文,2013 年 5 月 10 日。

113. 葉蕾《解讀惲壽平《安石榴圖》扇頁》,《數位時尚(新視覺藝術)》2013 年第 5 期。

114. 李小霞《惲南田《南田畫跋》研究》,雲南師範大學碩士論文,2013 年 6 月 3 日。

115. 劉莉《論惲壽平對徐崇嗣「沒骨花」的繼承與創新》,南昌大學碩士論文,2013 年 6 月 5 日。

116. 王茹《惲壽平《南田畫跋》繪畫美學思想研究》,內蒙古師範大學碩士論文,2013 年 6 月 10 日。

117. 劉毅《惲壽平沒骨花卉技法詳解(續二)》,《書畫世界》2013 年第 6 期。

118. 葉蕾《惲壽平對傳統繪畫的繼承與發展》,《藝術百家》2013 年第 6 期。

119. 吳錦川《「士氣」與「逸格」——惲南田山水畫的歷史研究》,《南京藝術學院學報(美術與設計版)》2013 年第 6 期。

120. 徐娜《「沒骨」之「惲」——品讀惲壽平沒骨花卉藝術》,《美術界》2013 年第 8 期。

121. 孫文忠《論惲南田的山水畫及其特質》,《人文雜誌》2013 年第 10 期。

122. 徐娜《工之筆意,沒之骨韻——淺析宋代工筆花鳥與南田沒骨的異同》,《美與時代(中)》2013 年第 11 期。

123. 徐娜《清逸出塵，入古出新——淺析南田沒骨藝術》，《美術界》2013 年第 11 期。

124. 葉蕾《讀惲壽平扇葉《安石榴圖》》，《新美術》2013 年第 12 期。

125. 王霖《《惲南田年譜》卷首》，《新美術》2013 年第 12 期。

126. 林衛飛《論惲壽平沒骨畫花卉之意趣》，《青春歲月》2013 年第 13 期。

127. 呂紅玲《出「仕」與入「仕」對畫家藝術風格的影響——惲壽平與錢維城藝術風格比較研究》，《大眾文藝》2013 年第 18 期。

128. 高芳《惲壽平「沒骨花卉」技法之我見》，《美術大觀》2014 年第 2 期。

129. 郝爽《強權遮蔽下的文人心態——以惲壽平畫作為例》，《文藝爭鳴》2014 年第 2 期。

130. 馬希玲《論清初惲壽平尚情的文藝觀念》，復旦大學碩士論文，2014 年 4 月 1 日。

131. 葉蕾《詩人畫家惲壽平》，《藝術研究》2014 年第 4 期。

132. 張玉霞《仰鑽先匠外師造化——惲壽平的繪畫思想初探》，《常州工學院學報（社科版）》2014 年第 4 期。

133. 黃桂娥《惲壽平《南田畫跋》中的三重審美境界追求》，《新疆藝術學院學報》2014 年第 4 期。

134. 陳巍《試論惲壽平花鳥畫的藝術品格》，《河南師範大學學報（哲學社會科學版）》2014 年第 5 期。

135. 許菁頻《惲壽平畫跋中的繪畫理論與文學旨趣》，《浙江外國語學院學報》2014 年第 5 期。

136. 王微《惲南田與「靜」畫論的藝術研究》，雲南師範大學碩士論文，2014 年 5 月 27 日。

137. 葉蕾《清初歷史情境中的遺民畫家惲壽平》，《美苑》2014 年第 6 期。

138. 田帥《洗盡塵滓獨存孤迴——論惲壽平尚簡尚逸的畫風》，《美與時代（下）》2014 年第 7 期。

139. 呂友者《書畫收藏，如何煉就一雙火眼金睛——簡析惲壽平書畫作品市場行情及辨識》，《收藏界》2014 年第 8 期。

140. 呂友者《惲壽平書畫作品的市場價值管窺》，《藝術品鑒》2014 年第 9 期。

141. 李維琨《畫史上的「同能」與「獨詣」——從清初王翬與惲壽平之交誼談起》，《中國國家博物館館刊》2014 年第 9 期。

142. 張晶《惲南田對「逸」的發揮》,《中國書畫》2014 年第 9 期。

143. 蔣和鳴《脫落時徑洗發新趣——清惲壽平繪畫逸格美學思想及其特質》, 《榮寶齋》2014 年第 9 期。

144. 呂友者《惲壽平書畫市場價值幾何》,《東方收藏》2014 年第 10 期。

145. 呂友者《清代惲壽平書畫作品的市場價值管窺》,《榮寶齋》2014 年第 11 期。

146. 周娟《惲壽平的花卉繪畫特點與其審美心態的思考》,《美術教育研究》 2014 年第 13 期。

147. 李鳴樓《從惲南田與王石谷的友誼探究「常州畫派」形成的原因》,《戲劇 之家》2014 年第 14 期。

148. 李秀敏《惲壽平「攝情」說》,《青年作家》2014 年第 16 期。

149. 呂冰《惲南田畫作中的藝術思想初探》,《芒種》2014 年第 21 期。

150. 盛磊、閆郢《清畫家惲壽平的「沒骨」畫探微》,《蘭臺世界》2014 年第 36 期。

151. 王一紅《淺析惲壽平的藝術成就》,《美術大觀》2015 年第 1 期。

152. 何佳芮《惲壽平沒骨花卉的藝術特色》,《老年教育（書畫藝術）》2015 年 第 1 期。

153. 樊樺《探析惲壽平沒骨花鳥畫寫生之法》,《現代裝飾（理論）》2015 年第 1 期。

154. 孫煒《淡薄野逸入古還新——惲壽平藝術特徵辨析》,《藝術百家》2015 年第 S1 期。

155. 孟德鴻《淺析惲壽平沒骨花鳥畫技法的獨特風格》,《安徽文學（下半月）》 2015 年第 2 期。

156. 張玉霞《隱逸特性在惲壽平沒骨花鳥畫中的體現》,《常州大學學報（社會 科學版）》2015 年第 2 期。

157. 張玉霞《惲壽平隱逸特性對繪畫「逸格」的詮釋》,《常州工學院學報（社 科版）》2015 年第 2 期。

158. 呂友者《不可不說的惲壽平》,《收藏》2015 年第 3 期。

159. 王一紅《惲壽平沒骨花卉藝術的美學特徵》,《藝術探索》2015 年第 3 期。

160. 梅雨恬《「氣味」的融合——論戴熙對惲壽平的師法》,《文化藝術研究》 2015 年第 3 期。

161. 薛金煒《風含翠娟娟淨──讀惲南田《竹溪圖》》，《翠苑（民族美術）》2015 年第 3 期。

162. 楊旭霞《惲壽平與居廉「沒骨法」淺析》，西安美術學院碩士論文，2015 年 3 月 1 日。

163. 高振《惲壽平沒骨花鳥畫的藝術特徵研究》，廣西師範大學碩士論文，2015 年 4 月 1 日。

164. 何衛平《快人一步的風險──對「常州畫派」圖像與題材演變的淺想》，《翠苑（民族美術）》2015 年第 4 期。

165. 周嬋娟《惲壽平沒骨花鳥畫創作思想探析》，《美術界》2015 年第 5 期。

166. 田帥《惲南田以莊論畫的美學意蘊》，北京第二外國語學院碩士論文，2015 年 5 月 1 日。

167. 李聿《惲壽平沒骨花卉畫研究》，河北大學碩士論文，2015 年 6 月 1 日。

168. 趙月姣《惲南田「沒骨畫」風格探源》，湖北美術學院碩士論文，2015 年 6 月 11 日。

169. 樊樺《從惲壽平的繪畫作品淺析他的三種心態》，《才智》2015 年第 9 期。

170. 蔚然《惲壽平題畫詩藝術簡論》，《語文學刊》2015 年第 9 期。

171. 劉錦《王翬還是惲壽平，誰是南京博物院藏《仿古山水冊》的真正作者》，《收藏家》2015 年第 9 期。

172. 張永志《論莊禪思想對惲壽平山水畫的影響》，《大舞臺》2015 年第 9 期。

173. 朱萬章《惲壽平藝術述評》，《中華書畫家》2015 年第 10 期。

174. 文祥磊《《惲壽平經管祠田札》考論》，《文物天地》2015 年第 11 期。

175. 樊樺《淺談惲壽平對當代沒骨花鳥畫的影響》，《戲劇之家》2015 年第 11 期。

176. 樊樺《惲南田雅俗共賞的沒骨花鳥畫》，《戲劇之家》2015 年第 17 期。

177. 崔熙《淺析清代惲壽平沒骨花鳥畫的藝術特色》，《美術教育研究》2015 年第 18 期。

178. 唐全明《明麗生動開新風──論惲南田沒骨花鳥畫藝術》，《文化月刊》2015 年第 19 期。

179. 馬俐《論惲壽平「沒骨」宮廷風對陶瓷粉彩裝飾的影響》，《大眾文藝》2015 年第 24 期。

180. 張玉霞《惲壽平菊花圖中的隱逸思想》，《常州大學學報（社會科學版）》

2016 年第 1 期。

181. 余霞《一管毛筆結交自然——論惲南田的寫生精神》,《美術界》2016 年第 1 期。

182. 楊明剛《沒骨與簡逸:南田花卉的畫學審美意識》,《中國美學研究》輯刊,2016 年第 1 期。

183. 姜濤《惲壽平沒骨花鳥畫研究》,西安美術學院碩士論文,2016 年 3 月 1 日。

184. 韋劍仕《孫隆和惲壽平沒骨花鳥畫的比較研究》,西安美術學院碩士論文,2016 年 3 月 1 日。

185. 劉子琪《惲南田《蔬果冊》畫跋析義——兼論「蔬果」圖繪意涵之變動》,《榮寶齋》2016 年第 3 期。

186. 朱萬章《吳湖帆鑒藏惲南田》,《書與畫》2016 年第 3 期總第 282 期。

187. 徐嘉鎂《惲南田山水畫淺析》,山西師範大學碩士論文,2016 年 4 月 10 日。

188. 李若男《淺析惲壽平的書畫特色及藝術成就》,山西師範大學碩士論文,2016 年 4 月 10 日。

189. 張美欣《惲壽平花鳥畫色彩體系解構》,福建師範大學碩士論文,2016 年 5 月 1 日。

190. 崔熙《淺析惲壽平沒骨花鳥畫的藝術特色》,西北師範大學碩士論文,2016 年 5 月 1 日。

191. 張玉霞《惲壽平花鳥畫對雍正粉彩瓷的影響》,《中國陶瓷》2016 年第 5 期。

192. 陳豔《惲壽平與唐寅之桃花圖比較》,《美術界》2016 年第 5 期。

193. 張勤《此花非彼花——由惲壽平《出水芙蓉圖》談「沒骨花」與「沒骨法」的關聯與區別》,《中國美術》2016 年第 5 期。

194. 閔靖陽《惲壽平「讓賢」發生年代考》,《藝術工作》2016 年第 6 期。

195. 黃亮《惲向事蹟及藝術》,《收藏家》2016 年第 6 期。

196. 楊虹倩《惲壽平繪畫藝術研究》,河北大學碩士論文,2016 年 6 月 1 日。

197. 岳雲鵬《惲壽平花鳥畫筆墨形式語言研究》,西北大學碩士論文,2016 年 6 月 30 日。

198. 劉子琪《「沒蹤跡處,潛身於此」——惲壽平「逸品觀」解說》,《中國書

畫》2016 年第 7 期。

199. 蔡星儀《惲壽平的繪畫藝術》,《中國書畫》2016 年第 7 期。

200. 楊惠東《惲壽平專題》,《中國書畫》2016 年第 7 期。

201. 朱萬章《惲壽平對清代畫壇的影響》,《中國書畫》2016 年第 7 期。

202. 樊樺《惲壽平探析與我的個人創作》,《戲劇之家》2016 年第 10 期。

203. 張充呂、王連偉《淺析惲壽平山水畫臨仿與創新的關係》,《藝術品鑒》
    2016 年第 11 期。

204. 李旭《談惲壽平沒骨花鳥畫的技法特點》,《參花(上)》2016 年第 12 期。

205. 沈芳《論中國畫的娛樂調劑作用——以惲壽平的花鳥畫為例》,《美與時
    代(下)》2016 年第 12 期。

206. 袁雪霏《論惲壽平山水畫的藝術特色》,《大眾文藝》2016 年第 20 期。

207. 顧彩虹《淺談惲壽平「沒骨花鳥畫」的藝術特色》,《大眾文藝》2016 年
    第 22 期。

208. 張玉霞《惲壽平字號寓意考辨》,《美術學報》2017 年第 3 期。

209. 王焰《秋夜桐影「好墨葉」——惲壽平及其《甌香館集》述要》,《藝術研
    究》2017 年第 3 期。

210. 閔靖陽《「逸品」如何實現——惲壽平「逸品」論研究》,《華中學術》2017
    年第 3 期。

211. 閔靖陽《惲壽平接受的藝術贊助活動》,《中國美術研究》2017 年第 3 期。

212. 穆文傑《幽淡荒寒刻露清秀——惲壽平山水畫研究》,中央美術學院碩士
    論文,2017 年 3 月 1 日。

213. 劉晶《惲壽平「逸」的美學思想研究》,寧夏大學碩士論文,2017 年 3 月
    31 日。

214. 王豔《淺論惲南田蔬果繪畫中的「逸」》,中國美術學院碩士論文,2017 年
    4 月 1 日。

215. 郭建《孫隆惲壽平沒骨花鳥畫風格比較研究》,曲阜師範大學碩士論文,
    2017 年 4 月 5 日。

216. 紀元《清初「蔣派」宮廷花鳥畫繪畫風格傳承探析》,西南大學碩士論文,
    2017 年 4 月 14 日。

217. 任晗婷《惲壽平沒骨花鳥技法研究》,《韶關學院學報》2017 年第 4 期。

218. 徐旻瑁《地域文化背景下灕江畫派與常州畫派藝術風格比較研究》,廣西

師範大學碩士論文，2017 年 5 月 1 日。

219. 於麗麗《發展中的沒骨花鳥畫》，天津大學博士論文，2017 年 5 月 1 日。

220. 竺麗萍《惲壽平花鳥畫設色體系研究與實踐》，東南大學碩士論文，2017 年 5 月 1 日。

221. 童敏《惲壽平《錦石秋花圖》的「寫生」精神》，中國美術學院碩士論文，2017 年 5 月 1 日。

222. 蔡穎《惲壽平與居廉沒骨花鳥之比較研究》，河北大學碩士論文，2017 年 5 月 1 日。

223. 殷曉珍《惲壽平在揚州的藝術經歷及相關問題的研究》，揚州大學碩士論文，2017 年 5 月 1 日。

224. 劉芬《華嵒寫意花鳥畫的風格特徵》，《大眾文藝》2017 年第 6 期。

225. 梅玉《惲壽平沒骨畫的畫品成因及其影響研究》，蘇州大學碩士論文，2017 年 9 月 1 日。

226. 郝爽《書畫同源：惲壽平《甌香館集》中米氏父子的書與畫》，《美術大觀》2017 年第 10 期。

227. 侯旭遙《簡述「沒骨」花鳥畫與心得體會》，《藝術科技》2017 年第 11 期。

228. 周午生《我的期待——從個人繪畫探索說起》，《美術觀察》2018 年第 1 期。

229. 王懷義、許豔《惲壽平繪畫理論中的「神明」概念》，《中國美學研究》2018 年第 1 期。

230. 萬毅鋒《南田沒骨花卉藝術特色研究》，《藝術科技》2018 年第 2 期。

231. 劉子琪《思維世界的傳承：從惲向到惲壽平》，《藝術工作》2018 年第 2 期。

232. 馬瑩《淺析惲壽平的沒骨花鳥畫與宋代花鳥畫的異同》，《文物鑒定與鑒賞》2018 年第 3 期。

233. 耿晶《暮雲春樹渺愁予——關於王翬、惲壽平交誼的讀解與想像》，《中國美術館》2018 年第 3 期。

234. 朱婉瑩《牢籠物態·機趣天然——華嵒翎毛畫研究》，中央美術學院碩士論文，2018 年 3 月 1 日。

235. 張玨《清代閨閣畫家沒骨花鳥畫淺析》，《美與時代（下）》2018 年第 4 期。

236. 黃亮《惲向與常州畫派的關係及其對後世的影響》，《書畫藝術》2018 年

第 4 期。

237. 王路《各色繁花皆似錦——十七世紀荷蘭花卉插圖與惲壽平沒骨花卉作品的藝術比較》,《蘇州工藝美術職業技術學院學報》2018 年第 4 期。

238. 王傳坤《淺談惲壽平花鳥畫的筆墨與意境》,《中國文藝家》2018 年第 5 期。

239. 張玨《惲壽平與常州畫派閨閣畫家繪畫藝術探析》,廣東工業大學碩士論文,2018 年 5 月 1 日。

240. 秦香彩《惲壽平沒骨花鳥畫研究》,湖北美術學院碩士論文,2018 年 5 月 1 日。

241. 王羿衡《惲壽平花鳥畫款識中「借古開今」繪畫思想研究》,西安美術學院碩士論文,2018 年 5 月 1 日。

242. 瞿曉芳《惲壽平沒骨花鳥畫藝術風格探微》,湖南師範大學碩士論文,2018 年 5 月 1 日。

243. 姚貝貝《惲壽平沒骨花鳥畫的筆墨思想及藝術表現對我創作的影響》,雲南師範大學碩士論文,2018 年 5 月 28 日。

244. 雷東昇《惲壽平《南田畫跋》六則》,《大眾書法》2018 年第 6 期。

245. 高源;張玉霞《惲壽平繪畫中意境與審美思想分析》,《常州工學院學報（社科版）》2018 年第 6 期。

246. 袁峰《清新雅靜——惲壽平沒骨花鳥畫藝術風格對《陌上花開》系列創作的啟示》,聊城大學碩士論文,2018 年 6 月 1 日。

247. 許豔《惲壽平繪畫理論中的「神明」範疇研究》,江蘇師範大學碩士論文,2018 年 6 月 1 日。

248. 耿爽《論惲壽平山水畫之「逸」與詩境表達》,湖北美術學院碩士論文,2018 年 6 月 8 日。

249. 鄒小宇《惲壽平繪畫思想中的莊禪精神》,《佳木斯職業學院學報》2018 年第 7 期。

250. 梁雨《溯源探本——惲南田研究的現狀》,《書畫世界》2018 年第 8 期。

251. 梁雨《進本退末——惲南田研究的省思》,《書畫世界》2018 年第 9 期。

252. 劉子琪《明清江南收藏與惲南田藝術風格之形成》,《文藝研究》2018 年第 9 期。

253. 趙豔玲《刻畫爭傳沒骨花——清代中期的「惲派」花鳥畫》,《中國書畫》

2018 年第 11 期。

254. 曹娜《惲壽平的沒骨花鳥畫》,《美與時代（中）》2018 年第 11 期。

255. 楊揚《惲壽平「貓蝶圖」辨偽》,《中國書畫》2018 年第 12 期。

256. 王霖《惲南田事蹟叢考（一）》,《新美術》2018 年第 12 期。

257. 李美楠《當師其意不入時趨——淺析清惲壽平《南田畫跋》中的繪畫思想及其實踐》,《榮寶齋》2018 年第 12 期。

258. 蘇國強《淺析惲壽平沒骨花鳥畫渲染法的師承關係》,《美術文獻》2018 年第 12 期。

259. 申曉國《惲壽平詩意》,《東方藝術》2018 年第 17 期。

260. 劉子琪《〈南田畫跋〉版本研究》,《中國書法》2018 年第 18 期。

261. 陸曉明《論惲壽平的生平及沒骨花鳥畫藝術》,《藝術品鑒》2018 年第 29 期。

262. 鄭博文《南田之心象》,中國藝術研究院博士論文,2019 年。

263. 朱萬章《惲壽平畫學成就述略》,《中國書畫》2019 年第 8 期總第 200 期。

264. 李欣凝《音中傳情音中有畫——從音樂與繪畫的關係角度詮釋王笑寒鋼琴作品《惲壽平畫意》的演奏》,《當代音樂》2019 年第 1 期。

265. 顏曉軍《惲壽平〈仿古書畫冊〉》,《書與畫》2019 年第 2 期。

266. 閔靖陽《「意境」如何實現——論惲壽平的意境觀念》,《古代文學理論研究》2019 年第 2 期。

267. 左娜、馬宇飛《惲壽平「沒骨」花鳥畫的藝術特色》,《齊齊哈爾師範高等專科學校學報》2019 年第 3 期。

268. 劉闊《清代惲壽平沒骨畫與明代沒骨畫的繼承關係新考》,《寧夏大學學報（人文社會科學版）》2019 年第 3 期。

269. 劉藝菲《尾形光琳與惲南田沒骨花卉畫形式語言比較研究》,中國藝術研究院碩士論文,2019 年 4 月 1 日。

270. 梁雨《活色生香寫亦工——惲南田〈甌香館寫生冊〉藝術語言研究》,南京藝術學院博士論文,2019 年 4 月 18 日。

271. 曹楓《惲南田沒骨法對嶺南畫派的影響》,湖北美術學院碩士論文,2019 年 5 月 1 日。

272. 郭陽冠祺《結合惲壽平沒骨畫談我創作中的意蘊》,江西師範大學碩士論文,2019 年 5 月 1 日。

273. 王慧聰《惲壽平山水臨仿作品中繼承與創新關係研究》，河南師範大學碩士論文，2019 年 5 月 1 日。

274. 蘇國強《中年惲壽平由山水改為主攻沒骨花鳥的真正原因》，《書畫世界》2019 年第 5 期。

275. 舒士俊《「四王吳惲」與文人畫的正統化》，《國畫家》2019 年第 5 期。

276. 趙震《論惲壽平山水畫的「簡」與「靜」》，《國畫家》2019 年第 6 期。

277. 張玉霞《從「濠梁之辯」到「漁樵之隱」——論惲壽平魚藻圖中的莊學意蘊》，《常州工學院學報（社科版）》，2019 年第 6 期。

278. 王佳瑋《惲壽平沒骨花鳥畫藝術研究》，哈爾濱師範大學碩士論文，2019 年 6 月 1 日。

279. 李宇嬰《惲壽平《枝柯雲溪圖》小考》，《藝術市場》2019 年第 6 期。

280. 牛茜《惲壽平繪畫美學思想研究》，山東大學碩士論文，2019 年 6 月 3 日。

281. 高潔《惲壽平牡丹圖冊研習》，中國藝術研究院碩士論文，2019 年 6 月 30 日。

282. 洪厚甜《清惲南田《題畫詩五首》》，《藝術品》2019 年第 6 期。

283. 史孝花《從惲南田花鳥畫分析由形到意的中國畫境界》，貴州大學碩士論文，2019 年 6 月 1 日。

284. 侯玥岑《惲壽平繪畫中意境與審美思想分析》，《藝術品鑒》2019 年第 21 期。

285. 賀萬里、殷曉珍《康熙十四年：惲壽平在揚州》，《南京藝術學院學報（美術與設計）》2019 年第 4 期。

286. 夏焓萌《惲壽平「清」的書畫思想及審美表現形態》，《榮寶齋》2019 年第 7 期。

287. 蘇國強《惲壽平沒骨花鳥畫師承考》，《中國書畫》2019 年第 8 期。

288. 焦東華《寫生正派大雅之宗惲壽平的沒骨寫生花卉》，《紫禁城》2019 年第 9 期。

289. 高芳《惲壽平花鳥畫藝術風格初探》，《藝術教育》2019 年第 11 期。

290. 閆慶來；王慧聰《論惲壽平山水畫中臨仿與創新之關係》，《藝術評鑒》2019 年第 12 期。

291. 朱劍虹《甌香「沒骨」詠流傳——研習惲南田畫派有感》，《常州文博論

叢》2019 年刊。

292. 羅琳《從惲壽平〈南田畫跋〉中探析其繪畫「不似之似」的「寫生」精神》,《明日風尚》2019 年第 20 期。

293. 陶鎏霞《惲壽平中國畫思想及審美表現形態分析》,《藝術品鑒》2019 年第 36 期。

294. 楊瓊《惲南田論「逸」》,《美育》2020 年第 1 期。

295. 郝佳慧《淺談惲壽平「沒骨花」的設色風格特點》,《中國民族博覽》2020 年第 2 期。

296. 張昕怡《「意境」這樣實現——《「意境」如何實現——惲壽平意境觀念研究》評介》,《美育學刊》2020 年第 2 期。

297. 陸穎《惲壽平花卉畫白粉技法研究》,南京藝術學院碩士論文,2020 年 3 月 15 日。

298. 楊錦嫻《惲壽平沒骨花鳥畫研究》,南京師範大學碩士論文,2020 年 3 月 28 日。

299. 李永敬《淺析惲南田寫生的「似」與「逸」》,《榮寶齋》2020 年第 3 期。

300. 張晨《逸與靜:惲壽平沒骨花鳥畫的美學特質、成因》,《國畫家》2020 年第 3 期。

301. 朱亮亮《文人觀念與圖式表達——讀吳錦川專著《沒骨留香:惲南田「沒骨畫法」圖式與觀念》有感》,《中國書畫》2020 年第 4 期。

302. 王璐《山東大學博物館藏〈清惲壽平菊花圖〉的保護修復》,《中國文物科學研究》2020 年第 4 期。

303. 劉燕《惲壽平書法藝術研究》,渤海大學碩士論文,2020 年 5 月 1 日。

304. 陶鎏霞《惲壽平高逸之格的藝術追求》,《美術文獻》2020 年第 5 期。

305. 楊玉紅《淺析惲壽平的沒骨花藝術》,《牡丹江大學學報》2020 年第 5 期。

306. 劉奧《惲壽平對北宋惠崇、趙令穰「江南小景」的圖示之變》,《美成在久》2020 年第 5 期。

307. 于暢《詩與畫雙重創作立場之上的惲壽平題畫詩》,《北方論叢》2020 年第 6 期。

308. 賈田雪《脫塵境與天遊——淺論惲壽平的繪畫藝術》,《老年教育(書畫藝術)》2020 年第 6 期。

309. 管懿《淺論惲壽平沒骨花鳥畫「逸」與「拙」之意趣》,中國美術學院碩

士論文，2020 年 6 月 3 日。

310. 劉柳《惲壽平沒骨花鳥畫中「閒情」的表現研究》，瀋陽師範大學碩士論文，2020 年 6 月 30 日。

311. 車旭東《惲壽平弟子張偉小考》，《書畫世界》2020 年第 9 期。

312. 瀾箱《筆墨有知音心靈共唱和——從《中秋詩意圖》看王翬與惲壽平的情誼》，《老年教育（書畫藝術）》2020 年第 10 期。

313. 呂超蘭《「計白當黑」在惲壽平沒骨畫中的運用與研究》，《藝術市場》2020 年第 11 期。

314. 宋建華《惲壽平的「沒骨花」》，《中華書畫家》2020 年第 12 期。

315. 鄭博文《從〈甌香館寫生冊〉論惲南田「情」的審美意識》，《美術大觀》2020 年第 12 期。

316. 李東升《探析惲壽平「沒骨」花鳥畫的藝術風格》，《大眾文藝》2020 年第 12 期。

317. 張子晴、樂良才《前瞻的自然主義：惲壽平繪畫中的風格與意境》，《美與時代（中）》2020 年第 12 期。

318. 洪全慶《惲南田與常州畫派》，《華人時刊》2020 年第 12 期。

319. 黃禕天《天津博物館藏惲壽平花果蔬菜冊頁賞析》，《文化產業》2020 年第 18 期。

320. 趙熠錦《淺析惲壽平花鳥畫的藝術特色》，《戲劇之家》2020 年第 21 期。

321. 王一韜《惲壽平沒骨花卉中「色」的表現》，《美術》2021 年第 1 期。

322. 秦昊祿《惲壽平和他的沒骨法——以「寄情畫境——天津博物館館藏明清繪畫陳列展」為例》，《文物鑒定與鑒賞》2021 年第 1 期。

323. 鄭阿湃《惲壽平的感召力——論惲壽平花鳥畫風格的形塑》，《書畫世界》2021 年第 1 期。

324. 唐璐、肖涵《清雅秀媚中的平淡天真——惲壽平書法藝術》，《收藏與投資》2021 年第 1 期。

325. 鄭博文《惲南田花卉賦彩探究》，《藝術探索》2021 年第 2 期。

326. 王一韜《惲壽平沒骨花卉中的「態」》，《南京藝術學院學報（美術與設計）》2021 年第 3 期。

327. 朱萬章《吳湖帆鑒藏惲南田》，上海博物館編《吳湖帆書畫鑒藏研討會論文集》，上海書畫出版社 2021 年 3 月出版。

328. 王郁偉、張勤《惲壽平沒骨花卉的設色特點》,《戲劇之家》2021 年第 5 期。

329. 郭玲《為花「留影」——惲壽平沒骨花卉與我的創作》,南京師範大學碩士論文,2021 年 5 月 1 日。

330. 王珏《惲壽平與蔣廷錫花鳥畫藝術比較研究》,《美與時代（中）》2021 年第 5 期。

331. 郭倩《惲壽平沒骨花鳥畫設色研究》,湖北美術學院碩士論文,2021 年 6 月 1 日。

332. 代舉臣《惲壽平花鳥畫研究》,新疆師範大學碩士論文,2021 年 6 月 1 日。

333. 李珊珊《靜容秀骨俊逸淡遠——惲壽平沒骨花鳥畫藝術淺析》,《美術文獻》2021 年第 6 期。

334. 高羽鶴《逸品詩心：淺析惲壽平的題畫詩及藝術追求》,《美術文獻》2021 年第 6 期。

335. 孔姜雲《惲壽平沒骨花卉啟迪我的花鳥畫創作》,南京師範大學碩士論文,2021 年 7 月 4 日。

336. 竇增坤《常州畫派惲壽平美學思想研究》,《藝術教育》2021 年第 7 期。

337. 李燕婷《惲壽平繪畫藝術風格研究》,《藝術評鑒》2021 年第 7 期。

338. 劉漢娥《天真高逸別開生面——中國美術館藏惲壽平作品》,《書畫世界》2021 年第 8 期。

339. 王姝文《探析惲壽平沒骨花鳥畫的色彩和技法》,《美術教育研究》2021 年第 10 期。

340. 姚悅《探略惲壽平書畫》,《東方收藏》2021 年第 11 期。

341. 朱浩雲《惲壽平畫壇地位顯赫市場走勢強勁》,《東方收藏》2021 年第 11 期。

342. 張雪竹《淡雅簡約——惲壽平藝術風格賞析》,《東方收藏》2021 年第 11 期。

343. 祝碧蓮《試論惲壽平沒骨花鳥畫的藝術成就》,《東方收藏》2021 年第 11 期。

344. 劉奧《惲壽平書法分期與風格溯源》,《中國書法》2021 年第 11 期。

345. 孟德鴻、解錫銅《清代惲壽平與 19 世紀英國透納「淡逸」之境比較分析》,

《美術文獻》2021 年第 12 期。

346. 沙沙《論惲壽平花卉寫生之極致》，《美與時代（中）》2021 年第 12 期。

347. 李彥鋅《淺析惲壽平沒骨花鳥畫的設色》，《牡丹》2021 年第 22 期。

348. 姜中偉《外師造化，中得心源——惲壽平沒骨花鳥畫設色分析》，《藝術品鑒》2021 年第 33 期。

349. 郭瑜華《此花此葉常相映惲壽平筆下的十里花香》，《藝術品鑒》2021 年第 34 期。

350. 陳梓婷《惲壽平「攝情」繪畫思想研究》，《對聯》2022 年第 2 期。

351. 曹敏《日本出版〈四王吳惲〉中的名家山水》，《東方收藏》2022 年第 2 期。

352. 王慧《湖天渺茫之景：惲壽平與王原祁仿趙令穰山水》，《中國書畫》2022 年第 3 期。

353. 萬新華《新見惲壽平信札三通初考》，《美術大觀》2022 年第 3 期。

354. 袁紅麗《從惲壽平沒骨花鳥畫中的「色染水暈法」說開去》，《收藏與投資》2022 年第 4 期。

355. 譚文菲《淺談惲南田沒骨花鳥畫的技法及形成》，《書畫世界》2022 年第 4 期。

356. 郭佳偉《幽淡天真融情高逸——惲壽平沒骨花鳥畫題跋的繪畫美學思想探微》，《文物鑒定與鑒賞》2022 年第 8 期。

（四）惲冰研究

1. 劉晨賓《惲冰沒骨風格在「二十四節氣」民俗主題中的運用與拓展》，昆明理工大學碩士論文，2019 年 3 月 20 日。

2. 鄭博文《四時清供：惲冰〈十二月季花卉圖〉探論》，《榮寶齋》2019 年第 11 期。

3. 趙瑞雪《惲冰工筆花鳥畫風格探析》，西南大學碩士論文，2020 年 4 月 21 日。

4. 劉漢娥《超法自然合於自然——中國美術館藏馬元馭、惲冰作品》，《書畫世界》2021 年第 9 期。

5. 宗芝洋《論惲冰〈蒲塘秋豔圖〉的藝術表現特色——基於梅洛·龐蒂的知覺現象學觀點》，《美與時代（中）》2022 年第 4 期。

6. 周洲《明清藝術家族中的女性繪畫研究——以文俶、仇珠、惲冰為中心》，

四川美術學院碩士論文，2021 年 4 月 21 日。

（五）惲珠研究

1. 曹連明《紅樓遺夢在 世上有知音——記清代女詩人惲珠》，《紫禁城》1995 年第 3 期。

2. 高春花《惲珠與〈國朝閨秀正始集〉研究》，南京師範大學碩士論文，2006 年。

3. 聶欣晗《滿清文化融合的使者，閨秀文化發展的領袖——惲珠》，《貴州文史叢刊》，2009 年 02 期。

4. 高春花《清代女詩人惲珠生平家世考略》，《蘭臺世界》2011 年第 23 期。

5. 高春花《滿漢家族融合與處才養德之道——論清代女詩人惲珠的才名獲得與處才策略》，《黑龍江民族叢刊》2014 年第 5 期。

6. 趙婷《惲珠及其〈紅香館詩草〉研究》，《齊齊哈爾師範高等專科學校學報》2019 年第 6 期。

7. 黃玉《完美的女儒——惲珠形象研究》，《大眾文藝》2019 年第 20 期。

8. 朱萬章《惲珠與麟慶小像拾零》，《榮寶齋》2022 年第 7 期。

（六）惲鶴生研究

1. 高青蓮、王竹坡《惲鶴生與顏李學派考略》，《華東師範大學學報（社會科學版）》，2008 年第 6 期。

附錄一：惲氏家族活動年表

明成化二十年甲辰（1484）

　　惲釜生。按，惲釜乃惲紹芳從祖，惲氏第 57 世，字器之，號後溪。

明弘治五年壬子（1492）

　　惲壽平高祖惲訓生。

明弘治十三年庚申（1500）

　　惲釜補縣學。

明弘治十五年壬戌（1502）

　　惲巍中進士。按，惲巍，字功甫。

明正德十三年戊寅（1518）

　　二月十七日，惲祖錫生。惲祖錫為惲壽平曾祖父。

　　其時，惲壽平高祖惲訓為學宮弟子。

明正德十四年己卯（1519）

　　惲釜試禮部中式。

明正德十六年辛巳（1521）

　　惲釜中進士。

明嘉靖三年甲申（1524）

　　惲祖錫改名為惲紹芳。按，惲紹芳為惲氏第 59 世，字光世，號少南。

明嘉靖四年乙酉（1525）

　　惲紹芳在其父親的教導下開始讀《易經》，又習舉子業。

明嘉靖五年丙戌（1526）

　　惲紹芳開始頌《論語》、《孟子》。

明嘉靖七年戊子（1528）

　　惲釜擢南京戶部員外郎。

明嘉靖二十四年乙巳（1545）

　　惲應冀生。按，惲應冀為惲壽平叔祖父，字遠卿，號愚公，更號瑤池，其父惲紹元乃惲紹芳胞弟。

明嘉靖二十六年丁未（1547）

　　惲紹芳中進士。

明嘉靖二十七年戊申（1548）

　　惲應侯生。按，惲應侯為惲壽平祖父，惲紹芳長子，字順德，號學思。

明嘉靖三十二年癸丑（1553）

　　惲應明生。按，惲應明，乃惲壽平叔祖父，惲向之父，字明德，號敬止，太學生，官至禎武衛經歷。

明嘉靖三十五年丙辰（1556）

　　惲釜卒。

明隆慶六年壬申（1572）

　　惲厥初生。按，惲厥初乃惲應侯之弟、惲應雨之子，與惲日初為堂兄弟，也即為惲壽平堂伯父，字伯生，號衷白，又號知希居士。

明萬曆七年己卯（1579）

　　惲紹芳卒。

明萬曆十三年乙酉（1585）

　　惲應冀修安定縣志。

明萬曆十四年丙戌（1586）

　　惲本初（向）生。按，惲向原名本初，字道生，號香山老人，其父惲應明乃惲應侯胞弟。

明萬曆二十九辛丑（1601）

　　惲壽平之父惲日初生。按，惲日初乃惲應侯子，字仲升，號遜庵、黍庵。

明萬曆三十一年癸卯（1603）

惲含初生。按，惲含初乃惲紹芳孫、惲應明子、惲向（本初）之弟、惲壽平之堂叔父，又名於邁，字涵萬，號建湖。

明萬曆三十二年甲辰（1604）

惲厥初中進士，由行人轉戶部主事。

明萬曆三十四年丙午（1606）

惲向補常州府學附生。

明萬曆三十八年庚戌（1610）

惲應冀卒。

明萬曆四十三年乙卯（1615）

惲應侯卒。

惲向作《春雨迷離圖》（北京故宮博物院藏）。

明萬曆四十七年己未（1619）

惲壽平長兄惲楨生。按，惲楨，字聿寧。

明天啟元年辛酉（1621）

惲厥初以兵部主事身份領取上方寶劍赴四川平亂。

明天啟二年壬戌（1622）

魏忠賢以其子魏良卿敘慶陵功，以蔭補指揮事，惲厥初為避免與其共事，遂以託辭請外補，並得以補浙江按察副使，再轉福建右參議，擢湖廣按察使。

明天啟七年丁卯（1627）

惲厥初孫惲駿（字元超）生。

明崇禎二年己巳（1629）

清軍從遵化州侵入，京師戒嚴，惲厥初率領三千精兵勤王。

惲厥初孫惲啟巽（字元介、元理，號平江）生。

惲壽平仲兄惲桓生。按，惲桓，字威文。

明崇禎三年庚午（1630）

五月一日，惲向作《仿關仝山水圖扇》（北京故宮博物院藏）。

中秋後一日，惲向作《仿關仝山水圖扇》（北京故宮博物院藏）。

明崇禎五年壬申（1632）

惲紹芳撰、惲厥初輯《考槃集》刊行。

中秋後，惲向為子羽作《董巨遺意圖》（常州市博物館藏）。

初冬，惲向作《寒林圖》（北京故宮博物院藏）。

明崇禎六年癸酉（1633）

惲日初鄉試中副榜貢生。

十一月初一，惲壽平生於武進縣上店鎮南街。

明崇禎七年甲戌（1634）

惲壽平從兄惲珝以庠生入太學。

明崇禎八年乙亥（1635）

七月十六日，惲壽平從侄惲騑生。按，惲騑，字又騑，一字元行，號匪庵，由增生入大學。

明崇禎九年丙子（1636）

七月十九日，惲騋（千群）生。

明崇禎十年丁丑（1637）

三月初七，惲壽平原配薛氏生。

明崇禎十一年戊寅（1638）

惲日初與黃宗羲、楊廷樞、方文、冒襄等140人聯名聲討阮大鋮，並在南京公布《留都防亂公揭》。

是年，惲向作《一峰突兀圖軸》（山東省博物館藏）。

明崇禎十二年己卯（1639）

春盡，惲向為子聲侄作《山水圖》（山西博物院藏）。

重陽後七日，惲向作《仿米家山圖》（北京故宮博物院藏）。

明崇禎十三年庚辰（1640）

惲壽平詠蓮花成句，驚其長老及塾師。

七月廿一日，惲華生。惲華原名驊，字駧，一字元御，號恕行，惲壽平堂侄，惲厥初孫。

惲向作《臨黃公望山水圖》（北京故宮博物院藏）。

明崇禎十四年辛巳（1641）

惲日初以貢生居京師。

惲應明卒。

明崇禎十五年壬午（1642）

春日，惲向作《夏山圖》（北京故宮博物院藏）。

冬，惲日初以總憲劉宗周先生去位，上書力諍，未果。

明崇禎十六年癸未（1643）

惲日初應詔上備邊五策（一作《守禦十策》），不報。知時事不可為，乃攜書三千卷隱於天台山。

吏部特薦惲壽平，將以諸生起用，遭明末亂，未果。

明崇禎十七年甲申（1644）

惲本初舉賢良方正，除內閣中書，不就，棄官歸隱故里。

惲日初在吳門作《靈巖山賦》，為退翁上人壽。

清順治二年乙酉（1645）

惲日初自浙江天台山避走福州。

清順治三年丙戌（1646）

八月，惲楨至建寧省親，與副將謝雲領兵進攻浦城，失利陣亡。

秋日，惲向作《仿文徵明山水圖冊（12開）》（上海博物館藏）。

十一月廿日，惲向作《山水圖冊（8開）》（北京故宮博物院藏）。

清順治四年丁亥（1647）

惲日初削髮為僧，法名明曇，並由廣州再流亡返福建，寓居建陽，惲壽平隨侍。

清順治五年戊子（1648）

春，惲日初遣惲楨與副將謝南雲襲浦城，失利，兩人皆戰死。

總督陳錦率兵圍攻建寧，惲壽平參與守城，城破被俘，惲桓失蹤。惲壽平在押解途中，得一青樓舊相識相助，引見陳錦妻，為其畫首飾形模，錦妻遂收為義子，視如己出。

清順治六年己丑（1649）

清和日，惲向為紫老作《山水圖冊（10開）》（鎮江市博物館藏）。

冬十月，惲日初渡錢塘。

是年，惲壽平隨陳錦在福建。

清順治七年庚寅（1650）

是年，惲壽平隨陳錦從福建返駐杭州。

清順治八年辛卯（1651）

十月，惲厥初因藏明皇子朱慈　事發被逮。

是年，惲壽平在杭州。

清順治九年壬辰（1652）

三月十三日，陳錦亡，錦妻攜惲壽平於杭州靈隱寺中為其設道場做法事。惲壽平於道場之眾僧中認出失散的父親惲日初。日初與主持密謀，勸錦妻允惲壽平出家。惲壽平剃度於寺中。父子遂得團聚。

惲向於靈隱山中作《山水圖冊（8開）》（湖北省博物館藏）。

是年，惲厥初卒。

清順治十年癸巳（1653）

三月，惲向作《仿古山水圖冊（8開）》（上海博物館藏）。

是年，惲向作《仿王維鐘聲圖軸》（安徽省博物館藏）。

是年，惲壽平寓杭州靈隱寺，常隨其父與杭郡遺逸遊處。

清順治十一年甲午（1654）

夏秋間，惲向至靈隱寺與惲壽平父子相會。

惲日初彙編劉宗周著述成全書，編定年譜，並為之作行狀。

十月，惲壽平隨父返里。

十二月初九，惲向作《秋亭嘉樹圖》（臺北故宮博物院藏）。

十二月十四日，惲向作《仿古山水並對題圖冊（8開）》（蘇州博物館藏）。

是年，惲壽平從惲向學畫，甚勤，有與惲向論畫之「一筆法」信札。

清順治十二年乙未（1655）

元旦，惲壽平客居吳門，有《元旦奉懷》五律一首寄杭州莫雲卿。

春，惲向為董以寧等作畫數幅。

春末，惲壽平啟程北上幽燕，深入關外絕域尋訪於建寧之役失蹤之二兄惲桓，行程近一年，入冬始歸。

惲日初女婿鄒嵋雪舉三甲進士，榜名鄒登嵋。

惲含初自福建還吳，與惲壽平相見狂喜，復聞時事，感慨賦七律五首。

惲向卒。

清順治十三年丙申（1656）

春，浴佛節前二日夜（四月六日夜），惲壽平與王翬於書齋斟茗晤談，並仿柯九思法畫樹石，王翬為補竹坡，相處甚樂，此當為二人訂交之始。

是年，惲壽平有與王翬、吳歷、沈灝、高簡等合作畫軸傳世。

清順治十四年丁酉（1657）

春，寒食節後，惲壽平在家中設酒為滕子送行，有《送滕子還閩》詩。

清順治十五年戊戌（1658）

春，惲壽平有《戊戌春日花下有懷》等詩九首，書為一卷贈莫雲卿（上海博物館藏）。

清順治十六年己亥（1659）

惲含初自山西致函惲壽平，以慎筆札戒勉。

清順治十七年庚子（1660）

六月初七，惲壽平致若老大兄書札。

六月初七，惲壽平致六侄書札，謝其緩急相濟之誼。（《夢園書畫錄》卷十九）。

是年，惲壽平為蔣檪庵作《山居圖卷》（日本京都國立博物館藏）。

是年，惲日初六十壽，惲含初自山西寄錢祝壽，惲壽平賦七律詩四首寄惲含初。

清順治十八年辛丑（1661）

正月十五，惲壽平在研云草閣雪窗畫設色《歲寒圖軸》（《吳越所見書畫錄》卷六）。

四月初十，惲壽平手書《發願文》冊，立十願（《壯陶閣書畫錄》）。

是年，惲壽平更字正叔，而以壽平為書畫署款之名，信札短簡則仍署名格。

惲驌中進士。按，惲驌，字元錦，號心山，惲厥初孫。

清康熙元年壬寅（1662）

秋夜，惲壽平與王翬同飲於唐宇昭之四並堂。次日，惲壽平至白門，歸舟得六首絕句寄贈王翬。

惲日初作有《行書祭祝開美詩札卷》（浙江省博物館藏）。

清康熙二年癸卯（1663）

三月，惲壽平作《叢林竹石圖》軸（無錫市博物館藏）。

六月，惲壽平侄孫惲鶴生生。

七夕，王翬父雲客將歸虞山，請惲壽平為作詩畫，因畫《風林雲岑》軸贈別，並賦七絕一首題於畫上。

九月，惲壽平致惲駓書札，商談家族間事。

冬，惲壽平寓杭州東園高雲閣。

清康熙三年甲辰（1664）

一月，惲壽平偶憶湖山風物，因畫《湖山風物圖》，並題七絕一首於其上，王翬為補沙草、蘆荻（《石渠寶笈》卷二十，現藏北京故宮博物院）。

二月上旬，惲壽平隨父至靈巖山為繼起祝六十壽。惲壽平畫《靈巖圖》卷，並代父書《靈巖賦》卷為繼起祝壽（《過雲樓書畫記》卷六，現藏北京故宮博物院）。

三月，惲壽平畫山水小景，十二月重加點染贈董珙。董珙為惲日初學生。

臘月，惲壽平作《江山圖》並題識。

是年，惲壽平作《靈巖山圖卷》（北京故宮博物院藏）。

清康熙四年乙巳（1665）

三月，惲壽平坐靜嘯東軒作小景山水十二幅（《石渠寶笈續編·寧壽宮》）。

九月十八日，惲壽平在宜興為上仞作《南山西酒圖》。

十二月，畫水墨《山水》扇面，題《撫李唐寒山溪屋》（《石渠寶笈續編·寧壽宮》）。

臘月，惲壽平畫《山趣圖》扇面（上海博物館藏）。

是年，惲本初卒。

清康熙五年丙午（1666）

初秋，惲壽平作《吉祥杵圖》扇面（上海博物館藏）。

秋九月，惲壽平作《松柏靈芝圖》並題詩，惲日初作贊，惲壽平代筆書於畫上。（天津博物館藏）。

清康熙六年丁未（1667）

秋，惲壽平走金沙，渡揚子，客於泰興季氏家。

七月，惲壽平為方岩畫《雀舫秋濤圖扇面》（上海博物館藏）。

九月，惲壽平致惲駓書札。

清康熙七年戊申（1668）

春，正月，惲壽平隨到浙，適洪昇赴北京國子監肄業，與沈謙、毛玉斯、張競光諸人送之，有七律一首相贈，又繪山水扇面紀之。

春，惲壽平、惲日初父子渡錢塘至紹興，惲日初與黃宗羲劇談晝夜，並盡出所著予黃宗羲，黃引為同道，欣然為其文集作序。

六月十九，惲壽平有《古意十六首》。

八月，惲壽平臨黃公望《富春山居圖卷》，有長題（《壯陶閣書畫錄》卷十五）。

清康熙八年己酉（1669）

花朝，惲壽平與楊大鶴同訪錢二白，在錢氏東皋草堂對酒作設色花卉六幀及《菊花圖軸》（《虛齋名畫錄續錄》卷三，臺北故宮博物院藏）。

春日，惲壽平作《層巒幽溪圖》（北京故宮博物院藏），自謂是學元末趙原（善長），說趙氏「自謂得離坡荒落之趣，非時俗所能夢見也」。

是年，惲壽平隨父赴紹興訪黃宗羲，惲日初以所著《劉子節要》一書請黃作序，黃不贊同其觀點，而未為序，後送惲氏父子返里。

是年，惲壽平曾客居宜興。

是年，惲馨生生。

清康熙九年庚戌（1670）

三月，惲壽平仿黃公望作《富春山圖軸》。

五月，王翬自吳門來毗陵與惲壽平相聚，於王翬行篋中搜得仿王蒙山水一幀，歡賞不已，置之案頭，摩挲十餘日，題跋數語歸之。

五月，惲壽平泊舟京口，與笪重光相聚，為笪重光作《仿王蒙夏山圖》，並有《贈笪在辛侍御》七律二首。

六月，惲壽平過虞山訪王翬，有《劍門圖》扇面。

十一月，惲壽平在宜興喜晤鄧逸（字古民，號竹溪），為畫《溪上殘雪圖》。

清康熙十年辛亥（1671）

新春，惲壽平為沈心（房仲，仁和人）作《疏樹溪堂圖軸》（上海博物館藏）。

秋日，惲壽平為莊同生仿惠崇《花塢夕陽圖卷》。

是年，惲日初與江西的魏禧在毗陵訂交。

王時敏八十大壽，遣使招致，又致書王翬囑惲壽平同往，適惲壽平出遊，未果行。

康熙十一年壬子（1672）

三月，惲壽平作《蒼松大嶺圖軸》。

七月，惲壽平在南田草堂對花臨寫，畫設色《紫薇秋葵》扇面（《書畫鑒影》卷十七）。

九月，王翬將應周亮工之招，因作詩相贈。

十月十六，惲壽平在毗鄰舟中，王翬為笪重光作《岩棲高士圖》，惲壽平、王翬、笪重光皆有題七言詩於其上。

冬，惲壽平與王翬、楊晉送別笪重光返棹京口，賦詩和王翬送別詩，題於王翬與查士標山水合冊中。

常熟畫家楊晉為惲日初寫像，並由王翬補圖。

惲壽平致惲騑書札。

清康熙十二年癸丑（1673）

三月初，惲壽平擬宋人法作《桃柳圖扇面》並題一絕於其上（《書畫鑒影》卷十七，上海博物館藏）。

三月，惲壽平作《春雲出岫圖軸》（廣東省博物館藏）。

六月初八至十四，惲壽平與王翬同過金壇史鑒宗家，與王翬合作山水冊贈之（上海博物館藏）。

惲啟巽中進士，官至內閣中書。

惲壽平與王翬合作《山水合璧冊》八開。

惲壽平《巨然溪聲圖》並賦詩。

清康熙十三年甲寅（1674）

三月，惲壽平為楊瑀（雪臣）作《高岩喬木圖軸》（北京故宮博物院藏）。

十月，因陽羨友人發舟來迎，惲壽平至陽羨，寓樓坐雨，用雲林、仲圭法作《山水卷》（《書畫鑒影》卷九）。

十二月二十，惲壽平自陽羨返里。

是年，惲壽平作《魚藻圖》（吉林博物館藏）。

清康熙十四年乙卯（1675）

歲首，惲壽平致函王翬，邀其於二月二十五日來常州相聚，連床夜話。是日，王翬如期而至，並與吳鉏相見。

三月初，因杭州友人急切相邀，惲壽平遂從蘇州至杭州。

閏五月，惲壽平作《夏山過雨圖》扇面（北京故宮博物院藏）。

七月，惲壽平到揚州。惲壽平在揚州作《仿古山水冊》，並與汪蛟門、禹之鼎等交遊。

冬，惲壽平在揚州客舍為左岩臨藏帖四種（上海博物館藏）。

是年，惲壽平書《行書扇頁》（天津博物館藏）。

清康熙十五年丙辰（1676）

小春，惲壽平用徐崇嗣法為星老年翁作畫並賦詩。

春，惲壽平於揚州客舍再與吳鉏相聚，並書七律八首於扇面贈之。

春，惲壽平自揚州過金陵。

九月，惲壽平作《九華佳色》扇面（上海博物館藏）。

是年，惲壽平書《行書臨閣帖扇頁》（上海博物館藏）。

清康熙十六年丁巳（1677）

仲春，惲壽平為鮮民二哥賦詩二首為其北遊贈行。

秋，惲壽平遊蘇州，寓居余懷（廣霞）之衣杏閣。

八月，楊晉新居移栽梅花一本，王翬為其畫《牆角種梅圖》冊並題七絕一首，惲壽平作三絕句題其上，楊晉亦題一絕。

是年，惲壽平侄惲華、惲啟英中舉人，惲華授內閣中書。

是年，惲壽平書《行書唱和詩冊（3開）》（北京市文物局藏）。

清康熙十七年戊午（1678）

五月，惲壽平擬董巨兩家法作《山水圖軸》（臺北故宮博物院藏）。

十月，王翬赴蘇州，過陽羨與惲壽平相見，邀其至虞山相聚，惲壽平因事未果行。

惲日初卒，惲壽平有《西堂桂樹下》五絕三首哭之。

惲駿子惲東生中舉人。

清康熙十八年己未（1679）

三月十六，惲壽平過唐氏半園，有詩懷王翬。

惲壽平致六侄書札。

清康熙十九年庚申（1680）

新春，惲壽平作《山堂讀易圖軸》。

三月，惲壽平應王翬之約往虞山。

春末，惲壽平返常州。

夏，惲壽平過蘇州虎丘，與王翬、笪重光相聚。

六月初九，惲壽平與王翬自虞山抵婁東拜謁王時敏，十七日，王時敏卒，惲壽平有《哭王奉常煙客先生》。

閏八月，同人夜集引素齋桂花下，分韻賦詩，惲壽平為東老道兄昆友賦詩作畫，有《同人夜集賞桂花》二首。

清康熙二十年辛酉（1681）

惲壽平館於婁東王掞家。春，同婁東諸友南溪看梅，有《春遊曲》。

十一月初十，王翬自金陵過鎮江，訪笪重光於松子閣，請笪重光寫《墨梅》贈龔翔麟（薇圃），歸囑王概、王耆、楊晉、惲壽平補雜卉於其上，王翬寫竹石，王概畫水仙，王耆補菊，楊晉畫山茶（《虛齋名畫錄》卷九）。

十二月，惲壽平作設色《歲寒圖》軸（《吳越所見書畫錄》卷六）。

是年，惲日初女婿鄒登嵋卒。

是年，惲壽平於婁東納一妾。

清康熙二十一年壬戌（1682）

春，惲壽平作《仙桂新枝圖》並賦詩。

四月，惲壽平用沒骨法寫《罌粟花》圖軸（《石渠寶笈重編・御書房》）。

八月，惲壽平客居蘇州拙政園。

重九日，惲壽平與王翬、允禧相聚，作《三友圖》。

秋，惲壽平至杭州，獲觀王翬所臨宋董羽《海門圖》。

是年，惲壽平於婁東生一子，乃其妾所出。

清康熙二十二年癸亥（1683）

正月廿九，惲壽平與王翬、楊晉、陸潤等集常州唐家之豔雪亭。

春，惲壽平與王翬同客婁東。

春，惲壽平在常州城東為楊氏東皋園為黃向堅畫《山水冊》八開。

暮春，惲壽平為王翬所作山水冊題跋（《書畫鑒影》卷十七）。

八月十八，惲壽平與王武同於書老齋中賞月。

清康熙二十三年甲子（1684）

正月，惲壽平客居宜興荊溪南嶽山莊。

暮春，惲壽平與王翬合題王時敏山水冊。

中秋，惲壽平過無錫，宿於燈岩先生之歲寒齋。

惲壽平客杭州，與莫雲卿久別重逢。

九月初，惲壽平在崑山與王翬相聚。

九月底，惲壽平返回常州。

冬夜，惲壽平作《榴實圖》扇面（日本京都國立博物館藏）。

清康熙二十四年乙丑（1685）

春，惲壽平寫《蔬果冊頁》（臺北故宮博物院藏）。

暮春之初，惲壽平作《寫生花卉蔬果圖》並賦詩（常州博物館藏）。

四月，惲壽平客居虞山，於澄懷館觀王翬所作《王右丞山莊早春圖》（《書畫鑒影》卷九）。

七月，惲壽平返里。

九月，惲壽平作《菊花》扇面（《吳越所見書畫錄》卷六）。

十月，惲壽平過宜興，於荊溪之南山閣重觀《蒲塘真趣》。

新秋，惲壽平臨趙昌紈扇作畫賦詩。

臘月，惲壽平臨王蒙《松風澗泉圖》卷（上海博物館藏）。

清康熙二十五年丙寅（1686）

一月，惲壽平在甌香館畫《青鳳梭翎》扇面（《石渠寶笈續編·擰壽宮》）。

春，惲壽平夜渡陽湖（武進縣東），宿於楊大鶴別墅中，又與黃向堅（字端木，蘇州人）同步於陽山舊圃看數百年古藤，因畫《湖山小景》冊十六幀，寫遊蹤所見諸景，有「陽湖晚渡」、「陽山舊圃古藤」、「梁溪歸棹」、「東皋園池」「西山荒圃」、「春曉閣澗邊老梅」等。是冊無上款，當為贈楊大鶴，並賦五律一首。（石渠寶笈續編·重華宮）。

惲壽平在甌香館用揚補之、趙子固兩家法畫《雙清圖》（梅花、水仙）軸，自題七絕並識，王翬為之題記（故宮博物院藏）。

五月五日，惲壽平坐甌香館，畫《菊花》扇，自題七絕一首並識（故宮博物院藏）。

夏、秋間，惲壽平與王翬、張雲章同客崑山。

秋，惲壽平於崑山徐乾學家園池，每於晚涼時，繪事之暇，與王翬立池上清話久之，商論畫法。

中秋，惲壽平與張雲章、顧祖禹、秦原、王翬等於崑山徐乾學所北園賞月看桂，賦詩記之。

秋日，顧祖禹為惲壽平《甌香館集》作序。

九月三日，惲壽平在崑山同王翬、吳喬過朱映千山園，暢飲極歡，壽平即席賦詩，王翬因繪《山園暢飲圖》軸並題識以志良會，壽平七律一首於圖上。

九月十四日，惲壽平與王翬與崑山徐乾學園池中對月吟賞，甚相娛樂，因賦詩二。

九月十五日，惲壽平亦在徐氏碧梧池館，與王翬合作《花卉山水》冊。

十一月，惲壽平在王翬寓「清暉閣」用鮮于樞「困學齋」體書笪重光贈王翬句「有時淪茗思來客，或者看花不在家」，作七言聯贈王翬（上海博物館藏）。

臘月，惲壽平作《菊花》軸並題識（廣東省博物館藏）。

是年，惲含初、惲啟巽卒。

清康熙二十六年丁卯（1687）

三月，惲壽平於白雲溪館（壽平畫室名）畫《千葉桃花》一幅並識（《石渠寶笈三編・延春閣》）。

秋，惲壽平在白雲溪館畫《秋色圖》軸，自題七絕一首並識於上（《別下齋書畫錄》）。

七月，惲壽平同里莊天錦偶得仇英《清溪橫笛圖》，愛其景物清曠，恨不能置身其間，乃囑鈕碩儒為之寫照，囑壽平補景，壽平遂於白雲溪館舍欣然命筆為之作《清溪橫笛圖》並題識記其始末（天津博物館藏）。

是年，宋犖由山東按察使遷江蘇布政使，禮聘惲壽平為布衣交，客於宋幕下作畫，有《贈郡別駕》詩。

堂姪惲啟是年再生一子，惲壽平因作《二子歌》為贈。

清康熙二十七年戊辰（1688）

正月，惲壽平居常州家中，時已老病，洪昇自杭返京，由江陰經毗陵，與壽平相逢，別已二十年矣。洪昇乃作詩相贈。

二月，惲壽平與王翬合作畫《山水》冊十二幀（上海博物館藏，《虛齋名畫錄》卷十四、卷十五）。

春，惲壽平客杭州以曹雲西意繪《山水》軸，題識所言此圖是為茅雪鴻祝壽（《書畫鑒影》卷十七）。

三月末，惲壽平自杭過虞山，寓王翬家中，見沈周真蹟，歎賞久之，遂奮筆臨摹沈周《花鳥》一軸並題識（《愛日吟廬書畫錄續錄》卷四）。

夏秋間，宋犖移節江西，惲壽平致書稱賀。

十一月二十五日，惲壽平約友在白雲溪樓商事。

清康熙二十八年己巳（1689）

小春，惲壽平作《修竹遠山圖》並題詩。

春夜，惲壽平剪燭畫《山水》大冊（《壯陶閣書畫錄》卷十五）。

初夏，惲壽平觀宋人《仙杏圖》因作《仙杏圖》扇並題（上海博物館藏）。

四月上旬，王翬下榻白雲溪館，居約一月，惲壽平畫《山水冊》十對幅，王翬為之潤色或題跋。

十二月，為完舊欠宿帳，惲壽平匆匆離家赴杭州，二十日到杭州，二十一日入城，即寄家信，囑咐家中諸事。

清康熙二十九年庚午（1690）

春，惲壽平仍客杭州。

三月，惲壽平病劇，三月十七日抵家。三月十八日卒，宋犖有《數月來聞汪鈍翁王勤中惲正叔相繼謝世灑淚賦此》。

惲壽平有二女三子。長女適副貢楊叔美，次女適五牧薛氏。長子、次子均早殤，三子念祖（字瞻，小字文虎）；念祖子德生（字厚培），德生子鍾度（字晉立），鍾度子潮源（字彙川），潮源子惟軒（字景軾），惟軒後無傳。

清康熙三十年辛未（1691）

惲東生中進士。

清康熙三十一年壬申（1692）

是年，惲源潛生。

清康熙三十三年甲戌（1694）

八月寒露後一日，楊大鶴題惲壽平《菊花圖》（廣東省博物館藏）。

清康熙三十六年丁丑（1697）

是年，惲源清生。

清康熙四十五年丙戌（1706）

十月十二日，惲騋卒。

是年，惲鍾隆、惲鍾茂、惲良洲生。

清康熙五十年辛卯（1711）

惲燮生。

惲駿卒。

清康熙五十一年壬辰（1712）

　　惲華卒。

清康熙五十四年乙未（1715）

　　惲源景生。

清康熙五十五年丙申（1716）

　　武進縣令孫謖（椒圃）刊《毗陵六逸集》，以惲壽平《南田詩鈔》列為其一。

　　惲宅南生。

清康熙五十六年丁酉（1717）

　　敬義堂刻惲壽平《南田詩鈔》刊行。

清康熙五十七年戊戌（1718）

　　惲源桂生。

清康熙六十一年壬寅（1722）

　　惲馨生卒。

清雍正二年甲辰（1724）

　　夏五月，惲源濬作《山水花卉冊》（私人藏品）。

清雍正三年乙巳（1725）

　　惲宅仁生。

清雍正六年戊申（1728）

　　夏四月上浣，惲懷英作《園林仕女圖》（南京師範大學藏）。

清雍正八年庚戌（1730）

　　惲庭森生。

　　是年，惲鍾隆卒。

清雍正九年辛亥（1731）

　　春，惲源濬（哲長）作《牡丹圖》（北京故宮博物院藏）。

清雍正十年壬子（1732）

　　惲毓秀生。按，惲毓秀，字虞臣。

清雍正十二年甲寅（1734）

　　冬，惲源濬題跋《國朝無名氏西疇情語圖》（陶樑《紅豆樹館書畫記》卷五）。

清乾隆元年丙辰（1736）

　　惲鍾茂卒。

清乾隆六年辛酉（1741）

　　惲鶴生卒。

清乾隆八年癸亥（1743）

　　惲蓮生。

清乾隆十三年戊辰（1748）

　　惲熊生。按，惲熊，字亨時，號西園。

　　是年，惲冰作《金粟仙糧圖軸》（浙江省紹興市博物館藏）。

清乾隆十五年庚午（1750）

　　惲與三生。

清乾隆十七年壬申（1752）

　　惲源濬作《菊花圖軸》（天津博物館藏）。

清乾隆二十一年丙子（1756）

　　是年，惲源濬卒。

清乾隆二十二年丁丑（1757）

　　惲敬生。按，惲敬，字子君，號簡堂。

　　惲燮卒。

清乾隆二十六年辛巳（1761）

　　惲焯生。

清乾隆二十七年壬午（1762）

　　惲秉恬生。按，惲秉恬，字潔士。

　　惲良洲卒。

清乾隆二十八年癸未（1763）

　　惲賡颺生。

　　是年，惲源濬、惲源桂卒。

　　是年，惲冰作《國香春霽圖軸》（河南博物院藏）。

清乾隆二十九年甲申（1764）

　　惲煜生。

清乾隆三十二年丁亥（1767）

　　惲源景卒。

清乾隆三十六年辛卯（1771）

　　惲珠生。按，惲珠，字星聯。

清乾隆四十一年丙申（1776）

　　惲恒生。

清乾隆四十八年癸卯（1783）

　　惲敬中舉人。

　　惲宅南卒。

清乾隆四十九年甲辰（1784）

　　五月午時，惲懷英作《天中景映圖扇》（北京故宮博物院藏）。

清乾隆五十七年壬子（1792）

　　惲彙昌生。

清嘉慶二年丁巳（1797）

　　惲懷英作《折梅圖軸》（日本觀峰館藏）。

清嘉慶三年戊午（1798）

　　惲與三卒。

清嘉慶五年庚申（1800）

　　惲毓秀卒。

清嘉慶七年壬戌（1802）

　　惲光烈生。

　　惲宅仁卒。

清嘉慶十四年己巳（1809）

　　惲恒卒。

清嘉慶十六年辛未（1811）

　　惲敬《大雲山房文稿文稿初集》4卷刻於北京，九月補刻於常州。

清嘉慶十八年癸酉（1813）

　　惲光業生。

清嘉慶十九年甲戌（1814）

秋八月，高鶚為惲珠《紅香館詩草》作序。

惲珠《紅香館詩詞草》刊行。

惲敬因被誣告家人得贓失察，罷官。

清嘉慶二十年乙亥（1815）

三月上巳，蔡之定為惲珠《紅香館詩草》作序。

中秋前五日，林培厚為惲珠《紅香館詩草》作序。

除夕前三日，惲崇碩為惲珠《紅香館詩草》作跋。

惲敬《大雲山房文稿文稿初集》4卷由盧宣旬（一作盧旬宣）刻於南昌。

清嘉慶二十一年丙子（1816）

嘉平月，鄭汝楫為惲珠《紅香館詩草》作跋。

惲敬《大雲山房文稿文稿二集》4卷由宋揚光刻於廣州。

清道光二年壬午（1822）

惲賡颺卒。

清道光四年甲申（1824）

惲熊、惲蓮卒。

清道光五年乙酉（1825）

惲焯卒。

清道光十年庚寅（1830）

信芳閣刻惲壽平《南田詩》活字印本。

清道光十一年辛卯（1831）

仲夏，潘乃成為惲壽平《南田題畫》題寫書名。

上巳，葉鍾進（蓉塘）於羊城寓齋之寄味山房為惲壽平《南田題畫》作跋。

惲珠輯《蘭閨寶錄》刊刻。

惲珠編《閨秀正始集》20卷附錄1卷補遺1卷刊刻。

清道光十三年癸巳（1833）

惲珠、惲煜、惲秉恬卒。

清道光十六年丙申（1836）

惲珠編《閨秀正始續集》10卷附錄1卷補遺1卷刊刻。

清道光十八年戊戌（1838）

　　陸鼎為惲壽平《甌香館集》作序。

　　惲彥彬生。按，惲彥彬，字次遠。

清道光二十三年癸卯（1843）

　　惲元復生。按，惲元復，字祖南。

清道光二十四年甲辰（1844）

　　惲壽平《甌香館集》由海昌蔣氏別下齋刊刻。

清道光三十年庚戌（1850）

　　惲鶴生編《惲南田先生家傳》由遼海秀琨怡雲館刊刻。

清咸豐六年丙辰（1856）

　　惲光烈卒。

清咸豐七年丁巳（1857）

　　惲毓嘉生。

清咸豐十年庚申（1860）

　　惲彙昌卒。

清同治元年壬戌（1862）

　　惲毓善生。

清同治二年癸亥（1863）

　　惲毓鼎生。按，惲毓鼎，字薇蓀。

　　惲世臨將惲敬《大雲山房文稿文稿》初集 4 卷、二集 4 卷及《言事》2 卷刻於楚南節署。

清同治五年丙寅（1866）

　　惲珠《紅香館詩詞草》重刻，有次孫媳蔣重申跋。

清光緒十年甲申（1884）

　　惲光業卒。

清光緒十四年戊子（1888）

　　惲元復將惲敬《大雲山房文稿文稿》初集、二集重刻於湖北。

清宣統元年己酉（1909）

　　惲敬《惲字居文鈔》4 卷由國學扶輪社印行。

清宣統三年辛亥（1911）

　　惲元復卒。

民國七年戊午（1918）

　　惲毓鼎卒。

民國八年己未（1919）

　　惲毓嘉卒。

民國九年庚申（1920）

　　惲彥彬卒。

民國十一年壬戌（1922）

　　惲毓善卒。

附錄二：惲氏家族傳世書畫目錄

編號	時代	作 者	作品名稱	質地顏色	創作時間	尺寸（釐米）	收藏者	備註
1	明	惲應侯	書札（十二通）	紙本		29×110	常州博物館	
2	明	惲應冀	書札（六通）	紙本		29×74	常州博物館	
3	明	惲向	春雨迷離圖	紙本墨筆	1615年		北京故宮博物院	△
4	明	惲向	仿關仝山水圖扇	金箋墨筆	1630年	17.7×53.4	北京故宮博物院	△
5	明	惲向	仿關仝山水圖扇		1630年		北京故宮博物院	△
6	明	惲向	雪景寒林圖	紙本墨筆	1632年	97.5×39.5	北京故宮博物院	△
7	明	惲向	董巨遺意圖	紙本墨筆	1632年	135×59	常州市博物館	△
8	明	惲向	一峰突兀圖軸	綾本墨筆	1638年	138.5×56.5	山東省博物館	△
9	明	惲向	秋林平遠圖軸	紙本墨筆	1638年	148.8×61.5	上海博物館	△
10	明	惲向	山水圖	紙本墨筆	1639年		山西博物院	△
11	明	惲向	仿米家山圖		1639年		北京故宮博物院	△
12	明	惲向	臨黃公望山水圖	絹本墨筆	1640年		北京故宮博物院	△
13	明	惲向	夏山圖	紙本墨筆	1642年		北京故宮博物院	△

14	明	惲向	山水圖軸	紙本墨筆	1642 年	115.5×43.3	北京故宮博物院	△
15	明	惲向	仿文徵明山水圖冊（12 開）	紙本設色	1646 年	37.7×29.2	上海博物館	△
16	明	惲向	山水圖冊（8 開）	紙本墨筆	1646 年	25.7×38.5	北京故宮博物院	△
17	明	惲向	山水圖冊（10 開）	紙本設色	1649 年	25.5×25.5	鎮江市博物館	△
18	明	惲向	山水圖冊（8 開）		1652 年		湖北省博物館	△
19	明	惲向	仿王維鐘聲圖軸	紙本墨筆	1653 年	153×51.5	安徽省博物館	△
20	明	惲向	仿古山水圖冊（8 開）	紙本墨筆	1653 年	24×28	上海博物館	△
21	明	惲向	秋亭嘉樹圖		1654 年		臺北故宮博物院	△
22	明	惲向	仿古山水並對題圖冊（8 開）	絹本設色	1654 年	26.5×26.9	蘇州博物館	△
23	明	惲向	山水扇頁	金箋設色			蘇州博物館	△
24	明	惲向	山水圖軸	紙本墨筆		78×24	山東省文物商店	△
25	明	惲向	倪瓚山水軸	紙本墨筆		130×51.2	北京市文物商店	△
26	明	惲向	草書七言詩軸	絹本			北京市文物商店	△
27	明	惲向	直上蒼茫圖軸	紙本墨筆		272×101	廣東省博物館	
28	明	惲向	山水扇面	紙本		15.6×48	廣東省博物館	
29	明	惲向	山水頁	紙本墨筆		27.8×20.8	北京故宮博物院	△
30	明	惲向	山水圖軸	綾本墨筆			北京故宮博物院	△
31	明	惲向	山居訪舊圖軸	紙本墨筆			北京故宮博物院	△

32	明	惲向	倪迂故址圖軸	絹本墨筆			北京故宮博物院	△
33	明	惲向	仿吳鎮山水扇頁	金箋墨筆		15.5×51	北京故宮博物院	△
34	明	惲向	仿吳鎮山水扇頁	金箋墨筆			北京故宮博物院	△
35	明	惲向	山水				湖北省博物館	△
36	明	惲向	仿古山水（10開）	紙本墨筆	1636	26.1×16.4	中國國家博物館	△
37	明	惲向	山水軸	紙本設色			中國國家博物館	△
38	明	惲向	山水扇面	金箋墨筆		16×49.5	中國國家博物館	△
39	明	惲向	山水扇面	紙本墨筆		16.3×51	中國國家博物館	△
40	明	惲向	秋林平遠圖				上海博物館	△
41	明	惲向	水墨溪山圖卷	紙本墨筆		20.8×130	安徽省博物館	△
42	明	惲向	松溪山色圖軸	紙本設色		139.2×47.5	遼寧省博物館	△
43	明	惲向	溪山可居圖軸	綾本墨筆		130×52.5	遼寧省博物館	△
44	明	惲向	山水圖軸	綾本墨筆			上海文物商店	△
45	明	惲向	雨中春山圖軸	紙本墨筆			上海文物商店	⊗
46	明	惲向	仿吳仲圭山水扇頁	金箋墨筆		16.5×50.4	南京博物院	△
47	明	惲向	深山秋樹圖軸	綾本設色			榮寶齋	△
48	明	惲向	山水圖冊（6開）	紙本墨筆		20.1×26.8	上海博物館	△
49	明	惲向	仿子久山水卷	紙本墨筆		96.3×28.2	上海博物館	△
50	明	惲向	山水圖軸	紙本墨筆			上海博物館	△
51	明	惲向	仿子久山水圖軸	紙本墨筆		127.2×60	上海博物館	△
52	明	惲向	青山綺皓圖軸	紙本墨筆		290.4×101.8	上海博物館	△

53	明	惲向	秋林圖軸	紙本墨筆		104.5×32.2	上海博物館	⊗
54	明	惲向	浮巒暖翠圖軸	紙本設色		231.4×94	上海博物館	△
55	明	惲向	仿雲林小景圖軸	紙本墨筆			上海博物館	⊗
56	明	惲向	水墨溪山圖軸	紙本墨筆		115.5×47	上海博物館	⊗
57	明	惲向	錫山圖軸	紙本墨筆		62.5×36	上海博物館	△
	明	惲向	秋林平遠圖軸	紙本墨筆	1638 年	148.8×61.5	上海博物館	△
	明	惲向	仿文徵明山水冊（12 開）	紙本設色	1646 年	37.7×29.2	上海博物館	△
	明	惲向	仿古山水（8 開）	紙本墨筆	1653 年	24×28	上海博物館	△
	明	惲向	行書題毗陵勝景冊（19 開）	紙本		25.4×29.4	上海博物館	△
58	明	惲向（傳）	松樹小雀扇面	紙本		16×48	廣東省博物館	
59	明	惲向	摹燕文貴濯泉自潔圖軸	紙本墨筆		152×53	廣州藝術博物院	
60	明	惲向	行書題毗陵勝景冊（10 開）	紙本		25.4×29.4	上海博物館	△
61	明	惲向	仿古山水圖冊	紙本設色		26.3×15.6	THE METROPOLITAN MUSEUM OF ART	
62	明	惲向	花卉圖屏	絹本設色		152.1×42	THE METROPOLITAN MUSEUM OF ART	
63	明	惲日初	行書祭祝開美詩札卷（惲壽平代筆）	紙本	1662 年	23.5×101.3	浙江省博物館	⊗
64	清	王時敏 王鑒 王翬 王原祁 惲壽平 吳歷	山水冊（9 開）	紙本設色	1641 年	30.5×26.5	吉林博物院	△

65	清	王時敏 王鑒 王翬 王原祁 惲壽平 吳歷	山水冊（12開）	紙本設色	1651年	25.1×19.3	北京故宮博物院	△
66	清	惲壽平	行書七言聯	紙本	1652年	106×22.7	上海博物館	⊗
67	清	王時敏 王鑒 王翬 王原祁 惲壽平 吳歷	山水冊（20開）	紙本設色	1663年	32.2×114.3 （不等）	蘇州博物館	
68	清	惲壽平	叢林竹石圖軸	紙本墨筆	1663年	94×44	無錫博物院	△
69	清	王翬 惲壽平	山水扇頁	紙本設色	1664年	18.5×56.3	北京故宮博物院	△
70	清	惲壽平	靈巖山圖卷	紙本墨筆	1664年	28.5×107.5	北京故宮博物院	△
71	清	惲壽平	湖山小景圖軸	紙本墨筆	1664年	100.8×30.5	北京故宮博物院	△
72	清	王時敏 王鑒 王翬 王原祁 惲壽平 吳歷	繪畫集冊（17開）	紙本設色	1666年		北京故宮博物院	△
73	清	惲壽平	松柏靈芝圖軸	紙本墨筆	1666年	190×79	天津博物館	△
74	清	惲壽平	吉祥杵圖扇頁	紙本設色	1666年		上海博物館	△
75	清	惲壽平	富春山圖軸	絹本設色	1668年	168.4×69.5	北京故宮博物院	△
76	清	惲壽平	北苑神韻圖軸	絹本設色	1668年	174.8×60.5	南京博物院	△
77	清	惲壽平	層巒幽溪圖軸	紙本設色	1669年	70×32.2	北京故宮博物院	△
78	清	惲壽平 唐宇昭	蘭蓀柏子圖軸	紙本設色	1669年	96×42	廣州藝術博物院	△
79	清	惲壽平	秋林老屋圖軸	紙本墨筆	1669年	89.5×41.9	上海博物館	△

80	清	惲壽平	野草雜英圖扇頁	紙本設色	1669 年		上海博物館	△
81	清	惲壽平	為王翬父子作山水（二段）	紙本墨筆	1670 年	13.9×130.5 不等	上海博物館	△
82	清	惲壽平	山水冊（10 開）	紙本設色	1670 年	26×19	無錫博物院	⊗
83	清	惲壽平	松梅圖軸	紙本墨筆	1670 年	126.5×54	吉林博物院	△
84	清	惲壽平	劍門圖扇頁	紙本設色	1670 年	17×52.2	北京故宮博物院	△
85	清	惲壽平	夏山圖軸	絹本設色	1670 年	182×49.4	北京故宮博物院	△
86	清	惲壽平	仿王蒙山水圖軸	絹本設色	1670 年	155.7×66.5	廣州藝術博物院	△
87	清	惲壽平	仿倪瓚山水圖軸	紙本墨筆	1671 年	75.3×49	上海博物館	△
88	清	惲壽平	石榴圖扇頁	紙本設色	1671 年		上海博物館	△
89	清	惲壽平	雙松三秀圖軸	紙本設色	1671 年	143.7×62.5	天津博物館	△
90	清	惲壽平	茂林崇山圖軸	紙本設色	1671 年	129×59	瀋陽故宮博物院	△
91	清	惲壽平	摹北苑溪山圖軸	絹本墨筆	1672 年	184.5×78	天津博物館	△
92	清	惲壽平	古木寒煙圖軸	紙本墨筆	1672 年	111×39.3	上海博物館	△
93	清	惲壽平	春雲出岫圖軸	紙本設色	1673 年	102×49	廣東省博物館	△
94	清	惲壽平	桃柳圖扇頁	紙本設色	1673 年		上海博物館	△
95	清	惲壽平 王翬	山水合璧冊（8 開）	紙本墨筆	惲 ：1673 年	23×15	上海博物館	△
96	清	惲壽平	高岩喬木圖軸	紙本設色	1674 年	217.3×97.2	北京故宮博物院	△
97	清	惲壽平	蔬果圖扇面冊（3 開）	紙本設色	1674 年	17.4×51.7	首都博物館	△
98	清	惲壽平	魚藻圖軸	紙本設色	1674 年	78×43	吉林博物院	△
99	清	王翬 顧見龍 姜雲 惲壽平 吳歷 王武 唐荗 張穆	壽意冊（8 開）	紙本設色	1674 年	24.3×25.9	北京故宮博物院	△

100	清	惲壽平	行書扇頁	紙本	1675 年		天津博物館	△
101	清	惲壽平	藻影魚戲圖扇頁	紙本設色	1675 年		上海博物館	△
102	清	惲壽平	落花遊魚圖軸	紙本設色	1675 年	66×33	上海博物館	△
103	清	惲壽平	山水花鳥冊（10開）	紙本設色	1675 年	27.3×39	北京故宮博物院	△
104	清	惲壽平	仿郭熙山水圖軸	絹本設色	1675 年	140×52.5	廣州藝術博物院	△
105	清	惲壽平	魚隱圖軸	紙本墨筆	1675 年	56×26	朵雲軒	△
106	清	惲壽平	菊花圖扇頁	紙本設色	1676 年	17.9×55.2	北京故宮博物院	△
107	清	惲壽平	行書臨閣帖扇頁	紙本	1676 年		上海博物館	△
108	清	惲壽平	九華佳色圖扇頁	紙本設色	1676 年		上海博物館	△
109	清	惲壽平	菊石圖軸	紙本墨筆	1677 年		中國國家博物館	△
110	清	惲壽平、王鑒等	書畫集錦冊（14開）				中國國家博物館	△
111	清	惲壽平	仿徐崇嗣東籬佳色圖	紙本設色	1684	187.8×96.1	中國國家博物館	△
112	清	惲壽平	秋卉狸貓圖軸	絹本設色	1684		中國國家博物館	△
113	清	惲壽平	雜畫冊（8 開）	紙本墨筆		19.4×31.2	中國國家博物館	△
114	清	惲壽平	仿文徵明蘭石圖扇面	紙本墨筆		17×56	中國國家博物館	△
115	清	惲壽平	桃花扇面	紙本設色			中國國家博物館	△
116	清	惲壽平	行書唱和詩冊（3開）	紙本	1677 年	23×30	北京市文物局	△
117	清	惲壽平	半籬秋圖軸	紙本設色	1677 年		上海博物館	△
118	清	惲壽平	仿古山水冊（10開）	紙本設色	1677 年	19.3×26.2	上海博物館	△
119	清	惲壽平	花卉冊（10開）	絹本設色	1677 年	20.4×29.2	上海博物館	△
120	清	惲壽平	菊花扇面	紙本設色	1680 年		吉林博物院	△
121	清	惲壽平	寒林煙岫圖扇頁	金箋墨筆	1680 年	16.9×51.4	北京故宮博物院	⊗

122	清	惲壽平	雙風花圖扇頁	紙本設色	1680 年		上海博物館	△
123	清	惲壽平	菊花圖扇頁	紙本設色	1680 年		上海博物館	△
124	清	惲壽平	臨唐寅蟠桃圖軸	紙本設色	1681 年	150×80	廣州藝術博物院	⊗
125	清	惲壽平	古松雪嶽圖軸	紙本設色	1682 年	153.2×72.7	南京博物院	△
126	清	惲壽平	錦石秋花圖軸	紙本設色	1682 年	140.5×58.6	南京博物院	△
127	清	惲壽平	香林紫雪圖扇頁	紙本設色	1682 年		上海博物館	△
128	清	惲壽平	錦石秋花圖扇頁	紙本設色	1682 年		上海博物館	△
129	清	惲壽平	寒香晚翠圖扇頁	紙本設色	1683 年		上海博物館	△
130	清	惲壽平 王武	松石花果圖卷	紙絹墨筆	1683 年	27×65 27×135	青島市博物館	△
131	清	惲壽平	仙圃叢華圖軸	絹本設色	1683 年	183×73.5	無錫博物院	⊗
132	清	惲壽平	一竹齋圖卷	紙本墨筆	1684 年	28.9×70.9	北京故宮博物院	△
133	清	惲壽平	秋花貓蝶圖軸	紙本設色	1684 年		上海博物館	⊗
134	清	惲壽平	山水冊（12 開）	紙本設色	1684 年	26.1×32.6	上海博物館	△
135	清	惲壽平	榴實圖》扇面	紙本設色	1684 年		日本京都國立博物館	△
136	清	惲壽平	山水花卉扇頁（8 開）	紙本設色	1684 年 1685 年		天津博物館	△
137	清	惲壽平	寫生花卉冊	紙本設色	1685 年	25.5×34.8	北京故宮博物院	△
138	清	惲壽平	石榴花圖扇頁	紙本設色	1685 年	18.2×52.2	北京故宮博物院	△
139	清	惲壽平	花果卷	絹本設色	1685 年	27.2×42	上海博物館	⊗
140	清	惲壽平	摹張中桃花山鳥圖軸	絹本墨筆	1685 年	73.7×55.1	上海博物館	⊗
141	清	惲壽平	春花圖冊（8 開）	紙本設色	1685 年	26.3×35.7	上海博物館	△
142	清	惲壽平 王翬	山水合璧（三段）	紙本墨筆	惲： 1685 年	22.2×128.5 不等	上海博物館	△
143	清	惲壽平	蔬果圖冊（4 開）	絹本設色	1685 年	22.4×38.4	常州市博物館	△
144	清	惲壽平	花果蔬菜冊（6 開）	絹本設色	1685 年	26.1×19.9	天津博物館	△

145	清	惲壽平	仿古山水冊（8開）	紙本設色	1685年	26.8×40.5	南京博物院	△
146	清	惲壽平	菊花圖軸	絹本設色	1686年	113×50	廣東省博物館	△
147	清	惲壽平	雙清圖軸	絹本設色	1686年	88.2×54.4	北京故宮博物院	△
148	清	惲壽平	櫻桃圖扇頁	紙本設色	1686年		上海博物館	⊗
149	清	惲壽平 王翬	仿柯九思樹石圖軸	紙本墨筆	惲 ：1686年	63×39	上海博物館	△
150	清	惲壽平	花卉冊（8開）	絹本設色	1686年	29.9×22.2	上海博物館	△
151	清	惲壽平	仿董源溪山無盡圖軸	絹本設色	1687年	184.3×79.2	中國美術館	△
152	清	惲壽平	仿沈周加冠圖軸	絹本設色	1687年	131.4×67.5	廣東省博物館	△
153	清	惲壽平	花卉冊	紙本設色	1687年	26.7×33.5	北京故宮博物院	△
154	清	惲壽平 鈕子碩	清溪橫笛圖軸）	絹本設色	1687年	128×67	天津博物館	△
155	清	惲壽平	東籬秋影圖軸	絹本設色	1687年	147×74	廣東省博物館	⊗
156	清	惲壽平	仙桂新枝扇頁	紙本設色	1687年		安徽省博物館	△
157	清	惲壽平 王翬	山水合璧冊（12開）	紙本設色	1688年	27.2×36不等	上海博物館	△
158	清	惲壽平	滿堂春色圖軸	絹本設色	1688年	187×77	瀋陽故宮博物院	△
159	清	惲壽平	花鳥冊（12）	紙本設色	1689年	21.5×27.2	北京故宮博物院	⊗
160	清	惲壽平	探梅圖卷	絹本設色	1689年	33.7×86.5	上海博物館	△
161	清	惲壽平	仙杏圖扇頁	紙本設色	1689年		上海博物館	△
162	清	惲壽平	國色春霽圖軸	絹本設色	1689年	103×51	南京博物院	△
163	清	惲壽平	花果冊（8開）	絹本設色		31.5×17	廣東省博物館	△
164	清	惲壽平	三友圖軸	絹本墨筆		114.2×50.7	廣東省博物館	△

165	清	惲壽平	春江圖軸	絹本設色		184.2×47.9	廣東省博物館	△
166	清	惲壽平	疏林圖軸	紙本墨筆		75.5×27	廣東省博物館	△
167	清	惲壽平	菊花圖扇面	紙本墨筆		18×51	廣東省博物館	△
168	清	惲壽平	蟹藻圖卷				廣東省博物館	
169	清	惲壽平	三清圖				廣東省博物館	
170	清	惲壽平	花卉圖軸				廣東省博物館	
171	清	惲壽平	華溪漁隱頁				廣東省博物館	
172	清	惲壽平	雲崖飛瀑頁				廣東省博物館	
173	清	惲壽平	花卉冊				廣東省博物館	
174	清	惲壽平	傾城獨立圖軸	絹本設色		78.9×40	浙江省寧波市天一閣文物保管所	△
175	清	惲壽平	荷香水榭圖冊	紙本設色		28.7×34.3	首都博物館	
176	清	惲壽平	仿方從義山水圖冊	紙本墨筆		28.7×34.3	首都博物館	
177	清	惲壽平	花卉圖冊（12頁）	紙本設色		27.5×43	日本大阪市立美術館	
178	清	惲壽平	蒼虯翠壁圖軸	紙本設色		171×73	三峽博物館	
179	清	惲壽平	牡丹軸	絹本設色			浙江省杭州市文物考古所	
180	清	惲壽平	書畫二頁（軸）	紙本設色			浙江省杭州市文物考古所	
181	清	惲壽平	仿王蒙丹臺春曉圖軸	紙本墨筆		100.5×44.5	中國美術學院	△
182	清	惲壽平	松石圖扇頁	金箋墨筆			浙江省湖州市博物館	△

183	清	惲壽平	三清圖軸	紙本墨筆		135.5×51	安徽省博物館	⊗
184	清	惲壽平	松柏萱石圖軸	紙本設色		128.1×56.8	安徽省博物館	⊗
185	清	惲壽平	雙松流泉圖軸	絹本設色		172×67	安徽省博物館	△
186	清	惲壽平	紅桃青柳圖扇頁	紙本設色			安徽省博物館	△
187	清	惲壽平 王翬	蘭石圖軸	絹本設色		151×60	天津市文物公司	△
188	清	惲壽平	瑤臺珠樹圖軸	絹本設色		202×51	天津市文物公司	△
189	清	惲壽平	山水花卉冊（8開）	紙本設色		28.2×40.8	天津博物館	△
190	清	惲壽平	湖山春暖圖卷	絹本設色		57.6×618.2	天津博物館	△
191	清	惲壽平	千林暮靄圖軸	絹本設色		201.7×51.4	天津博物館	△
192	清	惲壽平	竹石圖軸	紙本設色		132.5×62.2	天津博物館	△
193	清	惲壽平	東籬圖軸	絹本設色		144.7×62	天津博物館	△
194	清	惲壽平	溪山行旅圖軸	綾本墨筆		84×42.5	天津博物館	△
195	清	惲壽平	竹石圖扇頁	紙本設色			天津博物館	△
196	清	惲壽平	晴川覽勝圖軸	綾本設色		112×39	遼寧省博物館	△
197	清	惲壽平	蘭石圖扇面	紙本墨筆			遼寧省博物館	
198	清	惲壽平	山水冊（8開）	絹本設色		25×33	瀋陽故宮博物院	△
199	清	惲壽平	花石群雞圖軸	絹本設色			瀋陽故宮博物院	△
200	清	惲壽平	孤月群鳩圖軸	紙本設色		135×53	瀋陽故宮博物院	△
201	清	惲壽平	溪館連松圖軸	紙本設色		327×106	瀋陽故宮博物院	⊗
202	清	惲壽平	萬壑松風圖軸	絹本墨筆		114×49	瀋陽故宮博物院	△
203	清	惲壽平	花果冊（10開）	紙本設色		26.3×35.7	旅順博物館	△
204	清	惲壽平	藕花鵝戲圖軸	紙本設色		126.5×59.2	吉林博物院	△

205	清	惲壽平	山水扇面	紙本設色			吉林博物院	△
206	清	惲壽平	仿荊關山水扇面	紙本墨筆			吉林博物院	△
207	清	惲壽平	國香春霽圖扇面	紙本設色			吉林博物院	△
208	清	惲壽平	百合雞雛圖軸	紙本設色			青島市博物館	△
209	清	惲壽平	雜畫冊（10開）	紙絹設色	32.6×23		上海人民美術出版社	△
210	清	惲壽平	五清圖軸	絹本墨筆	41×63		上海人民美術出版社	△
211	清	惲壽平	桃花圖軸	絹本設色	70×31.2		上海人民美術出版社	△
212	清	惲壽平	枯木竹石圖軸	紙本墨筆	94×39.8		上海文物商店	⊗
213	清	惲壽平	柳溪漁飲圖軸				香港中文大學文物館	⊗
214	清	惲壽平	秋芳圖軸				香港中文大學文物館	⊗
215	清	惲壽平	撫宋元小品冊（10開）				香港中文大學文物館	⊗
216	清	惲壽平	溪亭讀易圖軸				香港中文大學文物館	⊗
217	清	惲壽平	五色牡丹圖軸				香港中文大學文物館	⊗
218	清	惲壽平	九秋圖軸				香港中文大學文物館	⊗
219	清	惲壽平	山水冊（8開）				香港中文大學文物館	⊗
220	清	惲壽平 王翬	山水				臺北故宮博物院	
221	清	惲壽平 王翬	山水花卉合冊				臺北故宮博物院	
222	清	王翬繪 惲壽平題	摹倪畫十萬圖				臺北故宮博物院	
223	清	惲壽平	山水		1664年		臺北故宮博物院	

224	清	惲壽平	畫山水		1665 年		臺北故宮博物院
225	清	惲壽平	摹古		1668 年		臺北故宮博物院
226	清	惲壽平	畫扇面		1670 年		臺北故宮博物院
227	清	惲壽平	摹古		1673 年		臺北故宮博物院
228	清	惲壽平	林居高士圖		1682 年		臺北故宮博物院
229	清	惲壽平	畫山水		1683 年		臺北故宮博物院
230	清	惲壽平	畫花卉		1684 年		臺北故宮博物院
231	清	惲壽平	寫生		1685 年		臺北故宮博物院
232	清	惲壽平	畫湖山小景		1686 年		臺北故宮博物院
233	清	惲壽平	甌香館寫意		1686 年		臺北故宮博物院
234	清	惲壽平	山水		1687 年		臺北故宮博物院
235	清	惲壽平	牡丹		1688 年		臺北故宮博物院
236	清	惲壽平	花卉八幀		1689 年		臺北故宮博物院
237	清	惲壽平	扇面畫冊		1689 年		臺北故宮博物院
238	清	惲壽平	仿倪瓚十萬圖		1689 年		臺北故宮博物院
239	清	惲壽平	山水				臺北故宮博物院
240	清	惲壽平	十萬圖				臺北故宮博物院
241	清	惲壽平	畫山水				臺北故宮博物院

242	清	惲壽平	仿古山水				臺北故宮博物院	
243	清	惲壽平	仿古山水				臺北故宮博物院	
244	清	惲壽平	仿古山水				臺北故宮博物院	
245	清	惲壽平	花卉				臺北故宮博物院	
246	清	惲壽平	花卉				臺北故宮博物院	
247	清	惲壽平	魚藻圖				臺北故宮博物院	
248	清	惲壽平	寫生花卉				臺北故宮博物院	
249	清	惲壽平	寫生墨妙				臺北故宮博物院	
250	清	惲壽平	墨花				臺北故宮博物院	
251	清	惲壽平	喬柯修竹				臺北故宮博物院	
252	清	惲壽平	竹石枯槎圖				臺北故宮博物院	
253	清	惲壽平	花卉				臺北故宮博物院	
254	清	惲壽平	萬橫香雪圖				臺北故宮博物院	
255	清	惲壽平	畫萬橫香雪				臺北故宮博物院	
256	清	惲壽平	梅花書屋圖				臺北故宮博物院	
257	清	惲壽平	枯木竹石				臺北故宮博物院	
258	清	惲壽平	仿倪瓚古木叢篁圖				臺北故宮博物院	
259	清	惲壽平	竹柏長春				臺北故宮博物院	

260	清	惲壽平	東籬秋色			臺北故宮博物院	
261	清	惲壽平	臨五清圖			臺北故宮博物院	
262	清	惲壽平	燕喜魚樂			臺北故宮博物院	
263	清	惲壽平	魚藻圖			臺北故宮博物院	
264	清	惲壽平	百合			臺北故宮博物院	
265	清	惲壽平	菊花			臺北故宮博物院	
266	清	惲壽平	花卉冊（8開）	紙本設色	26.5×38	廣州藝術博物院	△
267	清	惲壽平	林巒靜氣圖軸	絹本墨筆	83×54.5	廣州藝術博物院	△
268	清	惲壽平	草龍珠帳圖軸	絹本設色	151×61.5	廣州藝術博物院	△
269	清	惲壽平	當窗竹影圖扇面	紙本設色		廣州藝術博物院	△
270	清	惲壽平	碧桃圖軸	絹本設色	82×36.5	廣州藝術博物院	△
271	清	惲壽平	花卉冊（12開）	紙本設色	27.2×36.7	廣西壯族自治區博物館	△
272	清	惲壽平	梧桐庭院圖扇面	紙本設色		廣西壯族自治區博物館	△
273	清	惲壽平	荷花圖扇面	紙本設色	18.8×55.5	廣西壯族自治區博物館	
274	清	惲壽平	山水冊（10開）	紙本墨筆		北京故宮博物院	△
275	清	惲壽平	仿古山水冊（10開）	紙本設色	23.3×30.6	北京故宮博物院	△
276	清	惲壽平	山水花卉冊（12開）	紙本設色	22.8×34.6	北京故宮博物院	△
277	清	惲壽平	花卉冊（10開）	紙本設色	27×39.2	北京故宮博物院	△

278	清	惲壽平	花卉山水冊（8開）	紙本設色			北京故宮博物院	△
279	清	惲壽平	雜畫冊（4開）	紙本墨筆			北京故宮博物院	△
280	清	惲壽平	蘭花圖卷	絹本設色		23.4×60.8	北京故宮博物院	△
281	清	惲壽平	古木垂蘿圖軸	紙本設色		105×42.9	北京故宮博物院	△
282	清	惲壽平	豆架草蟲圖軸	紙本設色		52.7×39.8	北京故宮博物院	△
283	清	惲壽平	松竹圖軸	紙本設色		136×61.5	北京故宮博物院	△
284	清	惲壽平	雨後桃花圖軸	紙本設色		133×55.5	北京故宮博物院	△
285	清	惲壽平	茂林石壁圖軸	紙本墨筆		117.2×57.2	北京故宮博物院	⊗
286	清	惲壽平	紅蓼魚藻圖軸	紙本設色		135×62.5	北京故宮博物院	△
287	清	惲壽平	仿馬琬山水圖軸	紙本墨筆			北京故宮博物院	△
288	清	惲壽平	溪林逸艇圖軸	絹本設色			北京故宮博物院	△
289	清	惲壽平	富春大嶺圖軸	紙本墨筆		126.2×50.3	北京故宮博物院	△
290	清	惲壽平	新柳圖軸	紙本設色		111.7×60.5	北京故宮博物院	⊗
291	清	惲壽平	叢篁潤泉圖軸	紙本墨筆		138×49.5	北京故宮博物院	⊗
292	清	惲壽平	山水扇頁	紙本設色		17×51	北京故宮博物院	△
293	清	惲壽平	水村圖扇頁	紙本墨筆		17×51.8	北京故宮博物院	△
294	清	惲壽平	牡丹扇頁	紙本設色		17.3×52.9	北京故宮博物院	△
295	清	惲壽平	煙山蕭寺圖扇頁	紙本設色		16×51.5	北京故宮博物院	△

296	清	惲壽平	梧竹書堂圖扇頁	紙本設色		17×51.3	北京故宮博物院	△
297	清	惲壽平	寒山圖扇頁	紙本墨筆		16.3×50.5	北京故宮博物院	△
298	清	惲壽平	虞美人圖扇頁	紙本設色		17.5×51.2	北京故宮博物院	△
299	清	惲壽平	罌粟花圖扇頁	紙本設色		15.9×50.2	北京故宮博物院	△
300	清	惲壽平	夏山過雨圖扇頁			17.1×52	北京故宮博物院	△
301	清	惲壽平	紫藤圖扇頁			17.7×53	北京故宮博物院	△
302	清	惲壽平	臨各家山水冊（10開）	紙本設色		26.4×38.1	北京故宮博物院	△
303	清	惲壽平等	山水花卉冊（14開）	紙本設色		23.1×27	蘇州博物館	△
304	清	惲壽平	臨王蒙夏山圖軸	紙本設色		133.6×56.8	蘇州博物館	⊗
305	清	惲壽平	月季花圖扇頁	紙本墨筆			蘇州市文物商店	⊗
306	清	惲壽平	書畫合裝卷	紙本設色		26.3×38.5	江蘇常熟市博物館	⊗
307	清	惲壽平	花卉扇頁冊（2開）	紙本設色		22×28.8 28×32.2	無錫博物院	△
308	清	惲壽平	山茶臘梅圖軸	絹本設色			無錫博物院	△
309	清	惲壽平	長林平岫圖	紙本墨筆		35.7×28.1	無錫博物院	⊗
310	清	惲壽平	綠蔭書屋圖扇頁	紙本設色		48.2×16	無錫博物院	⊗
311	清	惲壽平	石壁松窗圖軸	紙本墨筆		60.9×31	揚州市博物館	△
312	清	惲壽平	蒼松翠竹圖軸	紙本墨筆		95.5×36.3	常州市博物館	△
313	清	惲壽平	寫生花卉竹石圖冊（10開）	紙本設色		23.5×30.8	南京博物院	△
314	清	惲壽平	仿倪山水圖軸	絹本墨筆		93.3×50.4	南京博物院	△
315	清	惲壽平	蘆花草堂圖軸	紙本設色		131.3×59.7	南京博物院	△
316	清	惲壽平	菇蔬圖扇頁	金箋墨筆		16.8×49.5	南京博物院	△
317	清	惲壽平	山水扇面	紙本設色			首都博物館	△

318	清	惲壽平	萬壑松濤圖軸	絹本設色			北京市文物商店	△
319	清	惲壽平 王翬 王原祁	山水冊（8開）	紙本墨筆	王翬：1694年	26.5×35.7	上海博物館	△
320	清	惲壽平 王翬	修竹遠山圖軸	絹本設色		93.6×60.9	上海博物館	△
321	清	惲壽平 王翬 傅山 原濟 吳定 王中立 黃鼎 羅聘 張宗蒼 汪繩煐 李鱓	名筆集勝圖冊（12開）	紙本設色	黃鼎：1716年	23.9×32.8	上海博物館	⊗
322	清	惲壽平	山水冊（8開）	金箋墨筆		23.5×21	上海博物館	△
323	清	惲壽平	山水冊（10開）	紙本設色		27.1×35.9	上海博物館	⊗
324	清	惲壽平	山水花卉冊（10開）	紙本墨筆		31×26	上海博物館	△
325	清	惲壽平	仿古山水冊（8開）	紙本設色		19×22	上海博物館	△
326	清	惲壽平	仿古山水冊（12開）	紙本墨筆		23.8×34.3	上海博物館	△
327	清	惲壽平	花鳥雜畫冊（12開）	絹本設色		30.4×39.9	上海博物館	⊗
328	清	惲壽平	仿黃公望富春山一曲圖卷	紙本墨筆		26×129	上海博物館	△
329	清	惲壽平	書畫四段卷	紙本設色		23.9×34.4	上海博物館	△
330	清	惲壽平	仿黃公望山水圖軸	紙本墨筆		60.1×33.1	上海博物館	△
331	清	惲壽平	摹方從義山陰雲雪圖軸	紙本墨筆		63.4×27.9	上海博物館	△
332	清	惲壽平	雪山圖軸	絹本墨筆		82.7×32.9	上海博物館	△

333	清	惲壽平	畫菊圖軸	絹本墨筆	81.1×41.4	上海博物館	△
334	清	惲壽平	蔬果斗方圖軸	紙本設色		上海博物館	△
335	清	惲壽平	天中麗景圖扇頁	紙本設色		上海博物館	△
336	清	惲壽平	木瓜花圖扇頁	紙本設色		上海博物館	△
337	清	惲壽平	石榴圖扇頁	紙本設色		上海博物館	△
338	清	惲壽平	牡丹圖扇頁	紙本設色		上海博物館	△
339	清	惲壽平	香林紫雪圖扇頁	紙本設色		上海博物館	△
340	清	惲壽平	圃花圖扇頁	紙本設色		上海博物館	△
341	清	惲壽平	菊花圖扇頁	紙本設色		上海博物館	△
342	清	惲壽平	落花遊魚圖扇頁	紙本設色		上海博物館	⊗
343	清	惲壽平	錦石秋華圖扇頁	紙本設色		上海博物館	△
344	清	惲壽平	錦石秋容圖扇頁	紙本設色		上海博物館	△
345	清	惲壽平	臘梅松樹圖扇頁	紙本設色		上海博物館	△
346	清	惲壽平	罌粟花圖扇頁	紙本設色		上海博物館	△
347	清	惲壽平	設色山水圖	紙本設色	133.7×63.8	THE METROPOLITAN MUSEUM OF ART	
348	清	惲壽平	菊花圖冊頁	紙本設色	21.8×31.3	THE METROPOLITAN MUSEUM OF ART	
349	清	惲壽平	紫薇圖冊頁	紙本設色	21.8×30.5	THE METROPOLITAN MUSEUM OF ART	
350	清	惲壽平	荷花圖	紙本設色	209.8×98.3	THE METROPOLITAN MUSEUM OF ART	
351	清	惲壽平	仿高克恭古槎綠筠圖	紙本設色	134.9×61.7	THEDETROIT INSTITUTE OF ARTS	

352	清	惲壽平	米法山水圖扇面	紙本墨筆		17×52	THE METROPO LITAN MUSEUM OF ART	
353	清	惲壽平	仿宋人紅薇折枝圖扇面	紙本設色			日本京都國立博物館	
354	清	惲壽平	牡丹圖卷				美國普林斯頓大學美術館	
355	清	惲壽平	花卉圖冊				美國納爾遜·艾金斯美術館	
356	清	惲壽平	菊石圖	絹本設色		181.5×98.5	四川瀘州博物館	
357	清	惲壽平	行書致廷受札頁	紙本		31.5×19.5	上海博物館	△
358	清	惲壽平	行書頁				廣東省博物館	
359	清	惲壽平	行書七言詩扇面	紙本			廣東省博物館	
360	清	惲壽平	行水臨褚遂良隨清娛誌銘冊	絹本			天津博物館	△
361	清	惲壽平	行書七言聯	紙本			遼寧省博物館	△
362	清	惲壽平	行書詩文冊（16開）				香港中文大學文物館	⊗
363	清	惲壽平	行書詩文稿冊（7開）	紙本			北京故宮博物院	△
364	清	惲壽平	行書雜稿（14開）	紙本			北京故宮博物院	△
365	清	惲壽平	行書臨帖扇頁（2開）	紙本			北京故宮博物院	△
366	清	惲壽平	行書七言絕句冊（3開）	紙本		16.9×44.1	北京故宮博物院	△
367	清	惲壽平	行書自書詩扇頁	紙本			常熟市博物館	⊗
368	清	惲壽平	行書論畫詩文卷	紙本		18×68.5	鎮江市博物館	△

369	清	惲壽平	手札卷	紙本		77.1×26.2	常州市博物館	△
370	清	惲冰	金粟仙糧圖軸	絹本設色	1748 年		紹興市博物館	△
371	清	惲冰	國香春霽圖軸	絹本設色	1763 年	172×79	河南博物院	△
372	清	惲冰	花卉圖軸				河南博物院	
373	清	惲冰	傲霜秋豔圖軸	絹本設色		98×47	中國美術學院	△
374	清	惲冰	玉洞仙株圖軸	絹本設色		101.9×46.1	浙江省博物館	△
375	清	惲冰	花卉				上海博物館	△
376	清	惲冰	南山秋豔圖				廣州藝術博物院	△
377	清	惲冰	春風鶺鴒圖				四川博物院	△
378	清	惲冰	花卉扇面				四川博物院	
379	清	惲冰	花鳥圖軸				四川博物院	
380	清	惲冰	牡丹蘭石圖軸	紙本設色			紹興市博物館	△
381	清	惲冰	東籬佳色圖軸	絹本設色			無錫博物院	△
382	清	惲冰	紫藤虞美人圖軸	絹本設色		52×37.4	無錫博物院	△
383	清	惲冰	菊花圖軸	紙本設色			中國文物商店總店	△
384	清	惲冰	春風鸚鴒圖軸	紙本墨筆			上海博物館	△
385	清	惲冰	花卉冊（10 開）	絹本設色		28.1×22.3	上海博物館	△
386	清	惲冰	花卉圖冊頁	紙本設色		31.6×34.9	THE METROPOLITAN MUSEUM OF ART	
387	清	惲冰	紫藤朱帳圖軸	紙本設色	1759 年		北京故宮博物院	
388	清	惲冰	藤花翠鳥圖扇面	紙本設色		16×49.8	北京故宮博物院	
389	清	惲冰	蒲塘秋豔圖軸	紙本設色		127.7×56.6	北京故宮博物院	

390	清	惲冰	南山佳色圖軸	紙本設色		106×54	北京故宮博物院	
391	清	惲冰	紫藤月季圖軸				北京故宮博物院	
392	清	惲冰	傲秋霜豔圖	紙本設色		116×52	江西婺源博物館	
393	清	惲冰	玉堂富貴圖	絹本設色		113×50	常州市博物館	
394	清	惲冰	簪花圖				常州市博物館	
395	清	惲冰	牡丹堂幅				安徽博物院	
396	清	惲冰	牡丹堂				安徽博物院	
397	清	惲冰	棲燕圖軸				安徽博物院	
398	清	惲冰	棲燕圖軸				安徽博物院	
399	清	惲冰	梅花軸				安徽博物院	
400	清	惲冰	設色花卉軸				安徽中國徽州文化博物館	
401	清	惲冰	設色花卉軸				安徽中國徽州文化博物館	
402	清	惲冰	工筆牡丹圖軸				安陽博物館	
403	清	惲冰	花卉條				北京藝術博物館	
404	清	惲冰	花卉扇面				北京藝術博物館	
405	清	惲冰	牡丹圖軸				成都市李劼人故居紀念館	
406	清	惲冰（竹禪）	花鳥人物軸				河南南陽市博物館	
407	清	惲冰	花卉軸				湖北省博物館藏	
408	清	惲冰	牡丹雙鳥圖條				濟寧市兗州區博物館	

409	清	惲冰	墨梅斗方				鎮江市博物館	
410	清	惲冰	藤蘿紅魚立軸				錦州市博物館	
411	清	惲冰	工筆花鳥圖冊	絹本設色			樂山崖墓博物館	
412	清	惲冰	娥繡菊立軸				遼寧省博物館	
413	清	惲冰	牡丹圖軸（湯士紳題詩）				臨猗縣博物館	
414	清	惲冰	梅樹鴛鴦圖軸				瀘州市博物館	
415	清	惲冰	菊花圖軸				瀘州市博物館	
416	清	惲冰	花卉圖軸				郫縣博物館	
417	清	惲冰	百菊圖卷	絹本設色			容縣博物館	
418	清	惲冰	花鳥圖軸				三臺縣文物管理所、三臺縣博物館	
419	清	惲冰	仿徐崇嗣百花圖卷				天津博物館	
420	清	惲冰	鸚鵡梅花圖軸	絹本設色			梧州市博物館	
421	清	惲冰	花卉立軸				武陟縣博物館	
422	清	惲冰	花卉立幅				西安博物院	
423	清	惲冰	仿唐寅蝶戲圖立軸				浠水縣博物館	
424	清	惲冰	花卉圖立軸		1799年		歙縣博物館	
425	清	惲冰	牡丹圖軸				新鄉市博物館	
426	清	惲冰	花卉圖卷（款）				煙臺市博物館	
427	清	惲冰	牡丹雙雞圖軸		1752年		煙臺市博物館	

428	清	惲冰	月季圖軸（款）				煙臺市博物館	
429	清	惲冰	芍藥圖軸				揚州博物館	
430	清	惲冰	冰花鳥圖				雲南省博物館	
431	清	惲冰	冰花鳥圖				雲南省博物館	
432	清	惲冰	海棠圖軸				鄭州博物館	
433	清	惲冰	海棠圖軸				鄭州博物館	
434	清	惲冰	牡丹圖軸				鄭州博物館	
435	清	惲冰	花鳥條幅				周口市關帝廟民俗博物館	
436	清	惲冰	花卉圖冊頁	紙本墨筆		31.6×34.9	紐約大都會博物館	
437	清	惲冰	華春雙豔圖	紙本設色			青島市博物館	
438	清	惲冰	牡丹圖				濰坊市博物館	
439	清	惲冰						
440	清	惲源濬	石榴圖軸	紙本設色			上海博物館	△
441	清	惲源濬	山水花卉冊（4開）	紙本設色	1724年		私人	
442	清	惲源濬	菊花圖軸	紙本墨筆	1752年	125.5×67.6	天津博物館	△
443	清	惲源濬	花卉冊（8開）	絹本設色		103×58.6	天津博物館	△
444	清	惲源濬	月季花圖軸	絹本設色			天津博物館	△
445	清	惲源濬	牡丹圖橫幅	絹本墨筆			山西博物院	△
446	清	惲源濬	天中麗景圖軸	絹本設色			安徽省黃山市博物館	△
447	清	惲源濬	桃花遊魚圖軸	絹本設色		24.4×29.3	遼寧省博物館	
448	清	惲源濬	桃花蘭蕙圖軸	絹本設色			南京市博物館	△
449	清	惲源濬	果品圖軸				常州博物館	
450	清	惲源濬	石頭雞冠花圖軸				常州博物館	

451	清	惲源濬	牡丹軸			北京故宮博物院	
452	清	惲源濬	十二花卉屏軸			廣東省博物館	
453	清	惲源濬	八仙圖軸			廣東省博物館	
454	清	惲源濬	蘭杏圖軸			南京市博物館	
455	清	惲源濬	墨菊圖軸			山東博物館	
456	清	惲源濬	玉堂春色圖軸			山東博物館	
457	清	惲源濬	牡丹圖軸			常州武進區博物館	
458	清	惲源濬	墨蘭扇面			中國國家博物館	
459	清	惲源濬	花卉圖扇面			日本江田勇二	
460	清	惲源濬	牡丹圖	絹本設色	123×63	首都圖書館	
461	清	惲源濬					
462	清	惲馨生	石翠山房圖冊（1開）	絹本墨筆		北京故宮博物院	△
463	清	惲馨生	石榴蜀葵圖軸	絹本設色	83×49.5	廣州藝術博物院	△
464	清	惲馨生	華春雙喜圖			海南省民族博物館	
465	清	惲馨生	百齡富貴圖	絹本設色		青島市博物館	
466	清	惲源成	牡丹軸	絹本設色	128.1×63.7	浙江省杭州市文物考古所	△
467	清	惲源成	牡丹紫藤圖軸	絹本設色	97.6×46.5	南京博物院	
468	清	惲源成	荷花圖軸			常州武進區博物館	
469	清	惲源成	松鶴圖軸	絹本設色	196×124.3	首都博物館	
470	清	惲懷娥	紫薇桂花圖軸			北京故宮博物院	
471	清	惲懷娥	熟桃圖軸			嘉興博物館	

472	清	惲懷娥	花卉圖軸				新鄉市博物館	
473	清	惲懷娥	梅花圖軸				新鄉市博物館	
474	清	惲懷娥	美人圖	紙本墨筆		98×43	重慶中國三峽博物館	
475	清	惲懷娥	墨梅圖	絹本墨筆		125.5×30.7	耶魯大學美術館	
476	清	惲懷英	天中景映圖扇	紙本設色	1784	17.8×52.5	北京故宮博物院	
477	清	惲懷英	折梅圖軸	紙本設色	1797 年	86×37	日本觀峰館	
478	清	惲懷英	花卉軸				安徽博物院	
479	清	惲懷英	花卉軸				安徽博物院	
480	清	惲懷英	仕女扇面	紙本設色	1728		南京師範大學	
481	清	惲青	紫藤遊魚圖軸	絹本設色	丁亥		北京故宮博物院	
482	清	惲珠	海棠蛺蝶圖扇面	紙本設色			北京故宮博物院	
483	清	惲楨	花卉軸	紙本設色			南京博物院	
484	清	惲源吉	花卉冊				天津博物館	
485	清	惲源吉	花卉圖	絹本設色			日本木佐靖治	
486	清	毛周	梅花圖軸				淮安市博物館	
487	清	毛周	歲朝圖軸				上海博物館	
488	清	毛周	秋卉圖軸				無錫博物院	
489	清	毛周	牡丹冊（12 開）	紙本設色		22.2×25.3	北京市文物商店	△
490	清	毛周	百花圖卷	絹本設色			南京博物院	
491	清	惲桐	花石圖軸	紙本設色			廣東省博物館	

492	清	惲挺生	花卉條幅			135×47.5	重慶中國三峽博物館	
493	清	惲挺生	修竹春柯扇面	紙本設色		16.3×46.5	首都博物館	
494	清	惲咸	春江漁渡扇面	紙本墨筆			首都博物館	
495	清	惲彥彬	行書四屏	紙本		125.5×29	無錫博物院	

注：備註欄中「△」表示中國古代書畫鑑定組專家一致認定為真蹟，「⊗」則表示專家中有人持不同意見，空白則表示不知是否經專家鑑定或不清楚鑑定結果。

後　記

　　研究惲壽平及其惲氏藝術家族，最早的緣起始於上世紀九十年代。因為工作和學術興趣，我曾花大量的時間研究晚清廣東花鳥畫家居巢、居廉。在探究其花鳥畫風之源流時，自然而然便追潮到惲南田。後來到中國藝術研究院攻讀明清美術研究專業博士學位，就把惲壽平及其藝術家族的研究作為博士課題。經過在京城的三年研讀，其間分別赴日本、杭州、香港、上海、廣州、北京等地觀摩惲氏作品及查閱資料，於 2011 年完成博士論文。

　　論文完成後，因為一直不是很滿意，所以遲遲未能付梓。2013 年 7 月從廣東省博物館調至中國國家博物館後，有機會再次接觸京城圖書館中浩如煙海的文獻資料，遂將先前不太滿意的章節重新擴充與修訂。在原有《開宗立派的一代名家：惲壽平》一章中增加了《惲壽平早期藝術軌跡——以〈竹石花卉圖〉冊為中心的考察》和《惲壽平繪畫的鑒定與收藏——以吳湖帆鑒藏為例》兩節，並新增了《惲壽平及家族畫像考察》一章。附錄部分的《惲氏家族成員傳世書畫目錄》和《主要參考文獻》也增加了近年新發現的資料和研究成果。

　　研究惲壽平的學者有很多。本書的不同之處在於，將惲壽平置於惲氏藝術家族和清代畫壇中的特定個案來考察。因而對其藝術家族的成員、傳人及對清代畫壇的影響也一併探討，希望有助於人們從不同的視角認識這個開宗立派的一代花鳥畫大家。

　　緣於慣例，同時也是發自內心的真誠，需要說幾句感謝的話。梁江先生在論文的選題、構思及修訂等諸方面都提出很多建設性的意見和建議。北京故宮博物院的余輝先生、美國學者蔡星儀、洪再新、香港學者李志綱、日本學者西上實等各位師友或提出寶貴建議，或不吝提供珍貴資料，使論文得以充實。廣

東佛山博物館的郭燕冰、廣東省博物館的陳枸、中國國家博物館鄭博文、王高升等在查找和整理資料、出版等方面給予了大力協助。

在寫作準備或修訂階段，以下單位提供了查閱或觀摩書畫的便利：香港中文大學文物館、香港中文大學圖書館、中國國家圖書館、中國國家博物館、廣東省博物館、中國藝術研究院圖書館、浙江省博物館和廣州圖書館等。

當然，我家人所提供的支持，以及中國藝術研究院的所有老師和同學等，先後供職的廣東省博物館和中國國家博物館的領導和同事們，都直接或間接給予了大力幫助。可以說，沒有大家的支持，本書的完成只能是一個夢想。

對以上諸位的所付出的辛勤勞動，在此一併致謝。

朱萬章

2016 年元旦於北京沙灘後街

2022 年仲秋於京城金水橋畔